von Norbert Wiersbin

Das Hartz-Desaster

Auf dem Weg in den Unrechtsstaat

PUBLISHING

Erst wenn die Macht der Liebe
die Liebe zur Macht übersteigt
wird Frieden sein

(Jimi Hendrix)

Mein Dank für Rat und Unterstützung bei der Realisierung
dieses Buches gilt:

**Gitta Peyn, Inge Hannemann, Dr. Andrea Wieser,
Odysseus Krum, Dr. Sher Jamir, Robin Wiersbin**

Inhaltsverzeichnis

Vorwort von Inge Hannemann

Sehr geehrter Herr Wiersbin,

vielen Dank für Ihre Einladung ein Vorwort für Sie schreiben zu dürfen. So ist es mir doch eine Ehre, einige Worte im Kontext des Hartz IV-Desasters und „Auf dem Weg in den Unrechtsstaat" verlauten zu lassen.

Hartz IV – ein Name, der bereits zu Beginn primär die eigene Wirtschaftlichkeit in Form des prekären Arbeitsmarktes unseres Staates im Fokus hatte. Ein Name, der sich leider viel zu spät als Hohn entpuppte, und der für einen Mann steht, der seine eigene Gier nach Ruhm und Geld nicht im Griff hatte. Allein dieses stellt für mich eine Ohrfeige aller Betroffenen dar. Und das sind nicht nur die Leistungsberechtigten von Hartz IV. Ebenso müssen wir die Noch-Erwerbstätigen, die Rentner, die Erwerbsunfähigen nach dem Grundsicherungsamt und unsere Kinder berücksichtigen. Es besteht keine Garantie mehr, von heute auf morgen nicht auf der anderen Seite des Schreibtisches zu sitzen. Auf der Seite, wo die gewollte Armut ihren Lauf nimmt. Es ist nicht nur die gewollte Armut, die unweigerlich kommen wird. Es ist noch mehr. Beim gezwungenen Platznehmen auf der Seite des Hartz-Systems erwartet uns zunächst die starke Macht der Sanktionen. Eine Keule, die als exekutives Instrument nach dem Sozialgesetzbuch II herumgeschleudert wird. Selten ist mir so oft entgegen gekommen, dass ein Paragraph, nämlich der §31 so bekannt ist. Warum es nicht bereits als Unwort des Jahres gekürt wurde, ist mir bis heute ein Rätsel. Die Jobcenter, als Judikative der Bundesagentur für Arbeit, betrachten das Entziehen jeglicher Lebensgrundlage, als erzieherische Maßnahmen. Ein Appell, welcher als internes Papier an die Mitarbeiter der Jobcenter ausgegeben wurde und damit eine Aufforderung an alle: „Vergesst die Moral, diese gibt es nicht bei uns." Führe ich diesen Appell weiter, ist es eine sofortige Entmündigung aller Menschenwürde. Leistungsberechtigte werden ad hoc zu Kindern mit einem gesetzlichen Erziehungsberechtigten degradiert. Nur sind es nicht die liebevollen Eltern, sondern es ist eine Behörde, die sich just Rechte und Mächte klaut, die ihr nicht zusteht. Eltern haben neben der Aufgabe zu erziehen und Verantwortung zu tragen, Wärme und Liebe zu vermitteln. Eine Behörde, sei es das Bundesministerium für Arbeit und Soziales, die Bundesagentur für Arbeit oder als letztes Glied der Kette die Jobcenter, hat niemals das Recht sich diesen Schuh anzuziehen. Jedoch hat sie die Pflicht Verantwortung für die Menschen in unserem Land zu übernehmen und zwar unter dem Schutz der Menschenwürde: „Die Würde des Menschen ist unantastbar im Geistes des Grundgesetzes."

Weitere Machtdemonstrationen sind die Eingliederungsvereinbarungen. Ein öffentlich-rechtlicher Vertrag zwischen dem Hartz IV-Bittsteller und den Mitarbeitern im Auftrag der Jobcenter. Dieser muss sogar dann unterschrieben werden, wenn sich ein Mensch zum ersten Mal über die Schwelle der Jobcenter begibt. Ist noch nicht einmal der Leistungsantrag bearbeitet, schwebt bereits das Damoklesschwert über diesen Menschen. Ein Idee aus dem Jahr 2006, unter der jetzigen Regierung von CDU und FDP, welche sich „Fortentwicklungsgesetz" nennt. Das unausgesprochene Ziel war und ist die Eindämmung von Leistungsmissbrauch. Besagt die Eingliederungsvereinbarung und der sofort herauszugebene Vermittlungsvorschlag, dass jeder Antragsteller seinen Wohnort nicht verlassen darf. Eine tägliche Erreichbarkeit, auch an den Wochenenden wird unter Zwang bestimmt. Ein Nicht-Gehorchen führt unweigerlich zur Kürzung des Anspruches zum Lebenserhalt bis zur gänzlichen Versagung. Die Jobcenter schauen in die Zukunft, und wissen ohne Bearbeitung eines Hartz IV-Antrages, dass bei Verstoß, nur so die Wirtschaftlichkeit im Bund hergestellt werden kann. Wenn die stagnierenden Umsätze der Unternehmen und die Kaufkraft der verdienenden Bevölkerung das Bruttosozialprodukt schwinden lassen, müssen die Ärmsten und die Schwächsten ran. Mit Gegenwehr ist kaum zu rechnen. Und die Wenigen, die aufbegehren, erhalten umso mehr in Frage zu stellende Vorschläge für den prekären Arbeitsmarkt oder Maßnahmen durch die Jobcenter. Dabei ist es inzwischen bekannt, dass der derzeitige Arbeitsmarkt mitnichten genügend Arbeitsplätze aufweist. Die zementierten Pflichten für die Hilfebedürftigen lassen kein Verhandeln zu. Dieses setzt jedoch ein Vertrag immer voraus und nennt sich zweiseitige Willenserklärung. Der ehemals Erwerbstätige mutiert genau in diesem Moment zu einem Dauererwerbstätigen, der sich rund um die Uhr, inklusive den Wochenenden an seinem Schicksal der Erwerbslosigkeit zu suhlen hat. In seinem Schicksal der Erwerbslosigkeit, welches er mit vielen weiteren Millionen Gleichgesinnten teilt und periodisch monatlich in den Medien auftaucht. Die Agenda 2010 formierte ein totales Machtgefälle zwischen Arbeitsvermittlern, Fallmanagern, Leistungssachbearbeitern und Erwerbslosen, das auf beiden Seiten des Schreibtischs zu Dehumanisierungserscheinungen führt und Vertrauen erschwert bis unmöglich macht. Hilfe, die tatsächlich welche ist, wird auch als solche wahrgenommen und bedarf keiner Repression. Hartz IV schafft eine existenzielle Erpressbarkeit bei den Betroffenen und produziert einen Markt des Niedriglohnsektors. Verschwendung und Entwertung menschlicher Ressourcen und Fähigkeiten sind die Folgen. Hochqualifizierte verschwinden in Hilfstätigkeiten. Praktika sind etwas Alltägliches und für Geringqualifizierte findet sich kein Platz mehr. Eine Verschiebung der Werte, des Berufsstands und Erwartungen winden sich in eine immer höher werdende Hürde, die kaum mehr für die Betroffenen zu überspringen ist. Damit einhergehend folgt die Zerschlagung bürgerlicher Lebensentwürfe und die Erzeugung eines mit Schul- und Schamgefühlen gepaarten Angstklimas. So nehme ich mir die Freiheit und frage: „Wo bleibt unsere Demokratie?" Und wage mich an die Aussage: „Diese wird derzeit mit Füßen getreten und die ärmsten der Armen sind die Leidtragenden."

Die Krise ist noch lange nicht zu Ende, die Verelendungsspirale ebenso nicht. Die Agenda 2020 wird folgen und weitere Verschärfungen mit sich bringen.

Ihnen Herr Wiersbin wünsche ich viel Erfolg mit Ihrem Buch und bleiben Sie stark.

Einführung von Norbert Wiersbin

Die Idee zu diesem Buch entwickelte sich im Zuge meiner Recherchen zu der Sanktionspraxis im Rechtskreis des SGB II, treffender Hartz IV genannt. Ich habe mich schon seit vielen Jahren aus beruflichen Hintergründen, aber auch aus politisch-gesellschaftlichem Interesse mit der Entwicklung des Sozialstaates auseinandergesetzt und diese sehr aufmerksam beobachtet. Nach meinem Ausscheiden aus den Diensten eines kommunalen Jobcenters (Optionskreis) habe ich damit begonnen, in kleinen Kolumnen und politischen Essays meine Erfahrungen und Kenntnisse mit der Umsetzung der Arbeitsmarktreformen zu veröffentlichen.

Dabei bin ich auf eine erstaunlich interessierte und engagierte Leserschaft gestoßen, der ich viele Anregungen und Erkenntnisse aus kritischen Diskursen verdanke. Dieses Interesse schenkte mir eine unbändige Motivation, noch weiter zu recherchieren, Daten und Fakten zusammenzutragen, um möglichst umfassend über den Weg in den Unrechtsstaat zu berichten. Dabei kann ich keinen Anspruch auf Vollständigkeit erheben, dazu ist das Thema viel zu komplex und für die gesellschaftliche Entwicklung zu umfassend.

Aber ich kann sehr wohl die wichtigsten Meilensteine seit der Einführung des SGB II als datenbasierte Erfahrungsberichte aufzeigen und bin dabei in der komfortablen Lage, die Entwicklungen aus unterschiedlichen Perspektiven zu betrachten: Als Erziehungswissenschaftler, als Fallmanager, als Personalratsvorsitzender, als politisch denkender und sich in die Diskussionen einbringender Mensch.

Ich kann und will an dieser Stelle auch nicht den Anspruch auf wissenschaftliches Arbeiten erheben, ich verzichte weitestgehend auf Nachweise, Quellenangaben oder Verweise. Die Texte sollen für ein breites Publikum lesbar bleiben. Ich kann dennoch versichern, dass die Kernaussagen belegbar sind, ich bin um eine nüchterne Betrachtung bemüht. Alles andere dürfte einer sachlichen Auseinandersetzung mit der Problematik abträglich sein.

Ich will mich in diesem Buch dennoch bewusst um die Weckung von Emotionen und Anteilnahme bemühen, über kleine Exkursionen in vermeintliche Randgebiete sowie über die Darstellung besonders hervorzuhebender Fallbeispiele. Als konzeptioneller Rahmen dient mir dazu die Zusammenstellung meiner früheren Beiträge, ein Kompendium, das an passender Stelle Erweiterungen und Vertiefungen erhält.

Ich will Betroffenheit, Widerstand, ja sogar zivilen Ungehorsam gegen diese verfehlte Politik erwecken. Die gesamte Arbeitsmarkt- und Sozialpolitik bedarf einer dringenden und grundlegenden Revision, wir müssen in den Diskurs eintreten und einen anderen, an den Menschen- und Grundrechten orientierten Weg suchen. Und das mit Nachdruck, oder wie es der Hauptverantwortliche und frühere Bundeskanzler Gerhard Schröder gerne formulierte:
Mit einem deutlichen „basta"!

Eine Ode an die Arbeit
Ein Zwiegespräch zum Abschied

Jetzt hätte ich unseren Dialog doch bald mit der von mir so gern genutzten Floskel „Liebe Arbeit" eröffnet! Es war und ist mir doch immer wichtig, in jedem Menschen zunächst das gute, fürsorgliche, auch das kultivierte Subjekt zu sehen. Aber Du bist ja gar kein Mensch, liebe Arbeit, vielleicht ist es ja deshalb über die Jahre so schwierig geworden, sich mit Dir zu verständigen. Nein, das kann hier kein Dialog werden, es wird ein Monolog und das ist gut so. Du sollst mir endlich zuhören!

Du kannst mir jetzt vorhalten, ich würde die Situation ausnutzen, was soll das, Du hast mich doch ein ganzes Leben lang ausgenutzt! Nein, ich nenne Dich nicht mehr „lieb", Du bist nicht mehr ein Freund! Du bist mir zu kalt, zu würdelos geworden, so kann ich mit Dir nicht leben.

Wir haben uns entfremdet! Arbeit! Unsere Wege werden sich trennen, Du weißt, dass sich diese Entwicklung schon lange abgezeichnet hat. Es gibt keinen Weg zurück!

Als wir uns vor vielen Jahren zusammengefunden haben, um an Deinem Markt und vor allem für die in ihrer Existenz bedrohten Menschen etwas zu bewegen, da waren wir wie Frischverliebte, voller Zuversicht und Euphorie. Ich hatte eine Erwartung, auch einen Anspruch an Dich! Und Millionen waren von Dir getrennt, Arbeit, von Dir und Deinem Markt.

„Yes we can", das war schon damals unsere unausgesprochene Parole. Und dennoch, Du bist mir sehr früh suspekt geworden, Arbeit! Ich habe schon damals heimlich in Deiner Vita geblättert. Und die ist lang und grausam und sie ist in all den vielen Jahren widersprüchlich und verwirrend geblieben.

Du weißt, dass Du schon immer bei denen verpönt warst, die Dich anderen gegenüber preisen? Es gibt Menschen, die kommen blendend ohne Dich aus, verpflichten aber gerne die Geknechteten, Dir zu huldigen und sich Dir willenlos zu unterwerfen. Du bist geradezu zu einem Gott stilisiert worden, auch von den Klerikern, auch das gehört zu Deiner Geschichte.

Arbeit! Gott Arbeit, wie ein goldenes Kalb wirst Du angebetet! Das schmeichelt Dir (ich weiß) und dient denen, die mit Dir eigentlich gar nichts am Hut haben wollen.

Aber ich muss langsam den Kreis schließen, ich habe nur noch wenig Zeit, Du hast mir doch schon so viel davon gestohlen.

Wie oft habe ich der Not in die Augen geschaut, wie oft habe ich suchend aus dem Fenster geblickt, wenn Du mich zwingen wolltest, Statistiken zu bedienen. Menschen zu verwalten!

Ja, Arbeit, wir stehen im Widerstreit, waren uns so niemals hold und sind uns deshalb zunehmend aus dem Weg gegangen.

Du hast mich enttäuscht und auch das ist gut so.
Du hast mich deformiert, hast versucht mir die Seele zu stehlen.
Du hast versucht mich und mein Recht zu beugen, hast mich gezwungen Dinge zu tun, die ich nie tun wollte.
Du hast mich missbraucht, mich gedemütigt und erniedrigt.
Du bist mir nie gerecht geworden und auch all den Millionen „Nehmern" nicht, die Deinen Namen tragen.

Dabei weißt Du, Arbeit, dass die Menschen Dir mit Ihrer Schaffenskraft die Faszination genommen haben, sie entwickeln immer klügere Technologien. Um Dich entbehrlich zu machen!

Unser Vorteil ist es, dass wir die „Lohnstückkosten" senken können und das nicht deinetwegen, Arbeit. Sondern gerade weil wir Dir Einhalt geboten haben. Das ist schon seit Beginn der Industrialisierung unsere hinterhältige Taktik, Du hast das nicht gemerkt, Du dumme Arbeit!

Dabei hättest Du doch jede Chance gehabt, Dich ganz anders zu positionieren, Dich „neu aufzustellen". Wobei „neu" ja auch schon wieder so eine Täuschung wäre, denn hier geht es um

Deine ursprüngliche und dann auch eigentliche Bedeutung.

Arbeit, Du bleibst ein alter Weggefährte, bist mir eigentlich schon viel zu früh über den Weg gelaufen. So wirst Du mir nie wirklich ausgehen, Du wirst mir bleiben und ich werde Dir ein neues Gesicht geben. Und dann bin ich der Koch und Du der Kellner!

Ich beende damit meine „Karriere" als Fallmanager im Hartz IV-Unrecht-System. Ich schäme mich dafür, so lange daran geglaubt zu haben, auch hier an die Menschenrechte erinnern zu können.

Adieu, „Arbeit", es gibt keinen Weg zurück!

Dreimal am Tag den Putzlappen um die Ohren!

(Ein Text, den ich bereits am 13/08/04 als Leserbrief im STERN veröffentlicht hatte!)

Es ist schon erstaunlich, mit welcher Ignoranz die regierenden Spezialdemokraten wie auch Grüne und Opposition auf die Widersprüche und Proteste des „kleinen" Volkes reagieren. Von Verleumdungskampagnen, von Zumutungen, von Beleidigungen der Zivilcourage palavern die Totengräber der Sozialdemokratie (Clement, Benneter u. a.), seit Monaten behaupten die „Genossen der Bosse" beharrlich, im Zuge der Umsetzung des SGB II und SGB XII gebe es lediglich ein „Vermittlungsproblem".

Nun gut, wenigstens an dieser Stelle geben diese Typen ihre gesammelte Inkompetenz zu.

Dennoch irren sie auch hier, Vermittlungsprobleme sind bei „Hartz IV" nicht wirklich zu erkennen, diese Gesetze sind den unmittelbar und mittelbar Betroffenen schlechthin kausal und inhaltlich nicht vermittelbar!

Als Arbeiterkind 1957 geboren habe ich es engagierten Sozialdemokraten zu verdanken, ein Gymnasium besucht und durch ein Hochschulstudium „akademische Weihen" erhalten zu ha-

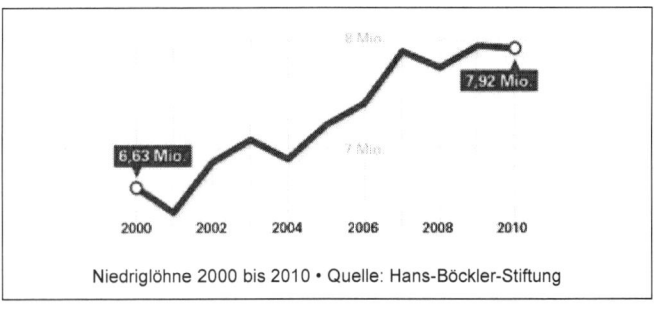

Niedriglöhne 2000 bis 2010 • Quelle: Hans-Böckler-Stiftung

ben. Und ich habe dadurch gelernt, die Dinge zu analysieren, zu ergründen, Schlussfolgerungen zu ziehen – eben Erkenntnis zu gewinnen. Meine Bewertung: „Hartz IV" ist die Abkehr von und der Verrat an traditionellen sozialdemokratischen Werten.

Wie können diese feisten und satten „Enkel", die da Schröder, Müntefering usw. heißen, mit einem Federstreich all das in den Mülleimer der Geschichte werfen, was unsere Großväter unter Gefahr für Leib und Leben auf sich genommen haben? Mord, Totschlag, Gefängnis- und KZ-Haft, um Arbeitnehmer-, Minderheiten- und Menschenrechte durchzusetzen!!!
Schon alles vergessen, Gerhard?

Haben die Arbeitnehmer nicht etwa in den letzten beiden Dekaden immer wieder auf berechtigte Anteile an den Produktivitätsfortschritten (durch moderate Tarifabschlüsse, durch unentgeltliche Mehrarbeit) verzichtet, haben sie es nicht stillschweigend hingenommen, dass im Zuge der Wiedervereinigung beider deutscher Staaten die von ihnen erwirtschafteten und bis dahin gut gefüllten Sozialkassen geplündert wurden, dass die großen (seit Jahren de facto steuerfreigestellten) Kapitalgesellschaften und Unternehmen „die Entsorgung ihres Humankapitals" (Stichwort: Frühverrentung) über eben diese sozialen Sicherungssysteme abgewickelt haben?

Steigende Beiträge und nominal minimale Lohnzuwächse führen schon seit Jahren in vielen Branchen zu realen Lohneinbußen! Sollen diejenigen, die all dies ertragen und erarbeitet haben dafür jetzt auch noch stillschweigend Prügel einstecken? Gleichzeitig wachsen die Einkommen von Managern und Kapitaleignern in exorbitante Höhen, dank der Bemessungsfreigrenzen selbstredend ohne dass dafür Beiträge in die Solidargemeinschaft fließen. Diese Leute sind sich heute nicht einmal mehr zu schade, der Gesellschaft offen zu drohen: Arbeitsplätze nach Indien verlagern, Geld in die Schweiz oder nach Luxemburg ... Meine Antwort: Haut doch ab, gebt den Pass her und ab mit Euch in den Pfeffer; mit A-Sozialen kann eh keine Solidargemeinschaft organisiert werden! Und die Massenarbeitslosigkeit wächst und wächst, nicht etwa wegen der hohen Lohnkosten und dergleichen, sondern wohl eher, weil dieser Industriegesellschaft dank technischer Entwicklungen die Arbeit zunehmend ausgeht!

Auch hier stehen wir doch deutlich vor einem Verteilungsproblem, oder will mir irgendjemand glaubhaft machen, dass wir jemals wieder eine Vollbeschäftigung zu alten Bedingungen erreichen werden? Die Dämme sind bereits gebrochen, der soziale Friede nachhaltig zerstört. Wundert Euch nicht, Ihr da oben, wenn Ihr schon bald nicht mehr auf die Straßen hinaus könnt. Ein alter Bekannter von Euch, einst Ministerpräsident in Hessen, wusste damals schon einem jungen, aufstrebenden Taxifahrer zu vermitteln, dass derartige Probleme auf dem Bau „mit der Dachlatte geregelt" werden. In diesem Sinne gehört dem Gebosse Gerhard und seinen Mitschleifern dreimal am Tag der Putzlappen um die Ohren gehauen, damit er sich erinnert, woher er kommt!

Wut und Zorn sind bereits riesengroß. Überspannt den Bogen nicht!!!

Arbeit und Soziales
(2009 bis auf Weiteres)

Als junger Autor habe ich in den letzten Tagen in meinen Schatullen gesucht, um noch irgendetwas Verwertbares für die publizistische Arbeit zu finden. Bekanntlich muss das Rad ja nicht jeden Tag aufs Neue erfunden werden. Und siehe da, ich bin auf einen Text gestoßen, den ich 2009 anlässlich der Wahlen zum Europäischen Parlament sowie zu den Kommunalwahlen in NRW geschrieben habe.

Nicht ohne Hintersinn veröffentliche ich hier Auszüge meiner Rede aus Mai/2009. Und ich bin doch selbst überrascht, wie sehr die Kernaussagen noch heute die Realitäten in der Sozial- und Arbeitsmarktpolitik widerspiegeln – inzwischen auch einer gewissen Frau von der Leyen geschuldet!

„Liebe Genossinnen und Genossen, liebe Kolleginnen und Kollegen,

Hier ist laut Einladung neben dem Bürgermeisterkandidaten eine anständige Runde von Gewerkschaftern und Arbeitsmarktexperten zusammengekommen. Dass ich dabei sein kann, freut mich und ich denke ich kann aus meiner langjährigen Erfahrung mit der ‚Eingliederung' von Erwerbslosen (schon viel früher als Hartz IV) eine fundierte Beschreibung der Lage bieten.

Ich bin dabei einer von denen, die das operative Geschäft betreiben – sozusagen direkt an der sozialpolitischen Front stehen. Wir schauen der Not und der Verzweiflung der Betroffenen täglich in die Augen, sehen Angst, Verunsicherung und Perspektivlosigkeit, die schnell zum Zerbrechen sozialer Strukturen und nicht zuletzt zu ernsthaften Erkrankungen führen können.

Aus dieser Sicht decken wir aber vielleicht viel eher die Fehler des Systems auf und können die Auswirkungen für die Gesellschaft präziser beschreiben als diejenigen, die das System steuern. Was können, nein, was müssen wir als Arbeitnehmervertreter an dieser Stelle tun?

Zuallererst bedarf es einer grundlegenden Analyse des gesamten Systems und endlich einer ehrlichen Anerkennung der gesellschaftlichen Realitäten – und das ist keine lästige Aufwärmübung, liebe Kolleginnen und Kollegen! So wie das Finanzsystem auf Täuschungen und Lügen aufgebaut ist, so wird sich auch in der arbeitsmarktpolitischen Diskussion die Welt viel zu gerne schön und blau geredet.

Das ist natürlich nicht nur unredlich sondern auch höchst gefährlich, wie wir jetzt schon mit den allerersten Auswirkungen der Krise auf den Arbeitsmarkt erleben. Wir müssen anerkennen, dass Hunderttausende wenn nicht sogar Millionen Erwerbslose gar nicht erst in der Statistik erfasst werden, ihr wisst, dass der Ein-Euro-Jobber, der Teilnehmer am fünften oder sechsten Bewerbungstraining oder der Ausbildungsplatzsuchende nicht einmal dort etwas zählen. (Stand: 2009)

Das ist Tarnen, Täuschen und Verpissen, sonst nichts! Dazu wird ein irrwitzig komplexer Apparat betrieben mit der Folge, dass das Verwalten des Elends wichtiger genommen wird, als die eigentliche Betreuung und Eingliederung der Erwerbslosen. Seit Einführung von Hartz IV hat dieses System einen hohen zweistelligen Milliardenbetrag verschlungen, nach neuesten Berechnungen werden allein für dieses Jahr Ausgaben in Höhe von 21,7 Milliarden Euro erwartet! (Stand: Frühjahr 2009)

Die Einführung des Gesetzes – ich müsste ja politisch korrekt vom SGB II sprechen, finde es aber doch sehr viel sympathischer, wenn dieses Unwerk den Namen seines geistigen Brandstifters behält - hat unter all den Umständen, einhergehend mit einem erschreckenden Missbrauch der Leiharbeit, zu einer kurzfristigen statistischen Erholung am Arbeitsmarkt geführt. Dass diese Entwicklung (wie vorhersehbar) nicht nachhaltig war, das sagen jetzt – dreieinhalb Jahre danach – nicht wenige renommier-te Beobachter voraus. Schon zu Ende des Jahres erwarten sie ein Arbeitslosenniveau, das dem vor Hartz IV gleicht.

Nachhaltiger Erfolg sieht wahrlich anders aus! Hartz IV hat aber auch wesentlich zur massiven Ausweitung des Niedriglohn-sektors beigetragen. Die Verpflichtung, jede zumutbare Arbeit anzunehmen, hat die Betroffenen dazu getrieben, sich für teils 4€ und darunter zu verdingen, aus schierer Panik davor, dass ihnen ansonsten noch das Letzte genommen wird. Wie viele Kritiker erwartet haben, führen Ein-Euro-Jobs und Kombilöhne zu einer Verdrängung regulärer Arbeit – das soll hier heute niemand mehr bestreiten!

Das alles geschieht zu ungleich schlechteren Bedingungen für die Beschäftigten, Kombilöhne sind gesetzlich definierte Mini-löhne, Kombilöhner sind Arbeitnehmer zweiter Klasse! Für sie darf der Arbeitgeber nicht einmal in die Arbeitslosenversicherung einzahlen. Stelle weg, wieder Hartz IV, so bleiben die Potentiale im System.

An dieser Stelle muss ich die Personalräte in den Kommunal-verwaltungen mit Nachdruck dazu aufrufen, dort sehr kritisch hinzuschauen und die Mitbestimmungsrechte auszuschöpfen. Die Erosion der regulären Beschäftigung werden ansonsten noch viel mehr Kolleginnen und Kollegen zu spüren bekommen, als

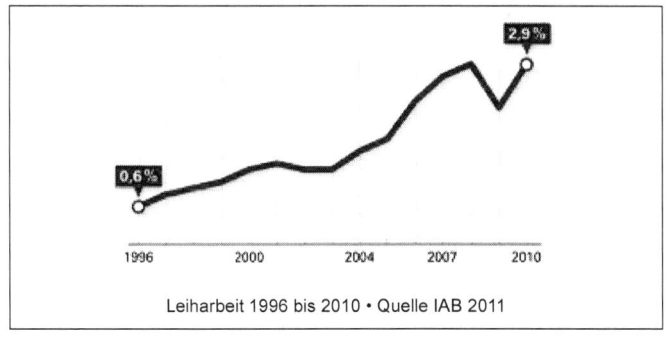

Leiharbeit 1996 bis 2010 • Quelle IAB 2011

uns allen lieb sein kann.

Und die Politik muss dafür sorgen, dass solche Regelungen endlich wieder vom Tisch kommen – basta!

Ich kann mich in der Kürze der Zeit ja nur an einigen Beispielen abarbeiten, ansonsten sprenge ich hier den Rahmen. Einen Appell erlaube ich mir aber dennoch – auch wenn es jetzt auf den ersten Blick vielleicht ein wenig theoretisch wirkt:

Ich appelliere daran, unseren Umgang mit gewissen Begrifflichkeiten, unseren Umgang mit der Sprache zu überprüfen und zu hinterfragen. Das Wort verrät bekanntlich den Geist!

Das fängt für mich mit dem Begriff „Arbeit" an. Ich finde es jedenfalls sehr erstaunlich, wenn selbst Sozialdemokraten und Gewerkschafter diesen Begriff bedenkenlos und ausschließlich auf abhängige Beschäftigung, also auf Lohnarbeit und damit auf die schlichte Verwertbarkeit von Menschen reduzieren. Warum erkennen wir es nicht an, dass das Engagement in der Familie, in der Nachbarschaft, in Vereinen und Verbänden – auch kulturelles und politisches Engagement – eine Form von Arbeit darstellen?

Unter diesem Blickwinkel passt es nur selten, wenn wir von Arbeitslosen sprechen, viel ehrlicher ist es doch, von Erwerbslosen zu sprechen. Den allermeisten Betroffenen fehlt es nicht wirklich an Arbeit und Beschäftigung, denen fehlt das Einkommen für ein menschenwürdiges Leben! Diesen Menschen fehlt schlichtweg das Geld, um ihren Kindern eine gute Bildung und Entwicklung zu sichern oder um am gesellschaftlichen Leben teilhaben zu können.

Wir reden über ‚Sozialschwache' und meinen die wirtschaftlich Benachteiligten! Die eigentlich Sozialschwachen sind da doch schon eher am anderen Ende der Einkommensskala auszumachen!

Umso zynischer ist es, wenn ein Klima geschaffen wird, das es offensichtlich einem dahergelaufenen Bengel namens Philipp

Mißfelder (immerhin Mitglied im Präsidium der Partei mit dem hohen C im Namen) erlaubt, Erhöhungen der Regelleistungen als Konjunkturprogramme für die Alkohol- und Tabakindustrie zu diffamieren. Und glaubt mir, dieser unerhörte Rotzlöffel ist nur der vorgeschobene Krakeeler, die Geisteshaltung und das Menschenbild, das er da hinausposaunt, ist in weiten Teilen unserer Gesellschaft gepflegt und salonfähig.

Auch das ist im Übrigen ein Ergebnis der ‚geistig-moralischen Wende', beschlossen und verkündet im Jahre 1982 durch einen großen dicken Staatsmann aus dem württembergischen Oggersheim. So stehen wir heute vor einem Zusammenbruch unseres Wertesystems – in diesem Sinne brauchen wir dringend eine Wende der Wende!

Wir müssen endlich anfangen, die Lasten gerechter zu verteilen. Und wir müssen damit aufhören, Kriminellen in Andacht die Füße zu lecken: Korruption und Steuerhinterziehung z. B. sind und bleiben eine Straftat. Solche Straftäter müssen endlich und in aller Konsequenz wie Kriminelle behandelt und zur Re-

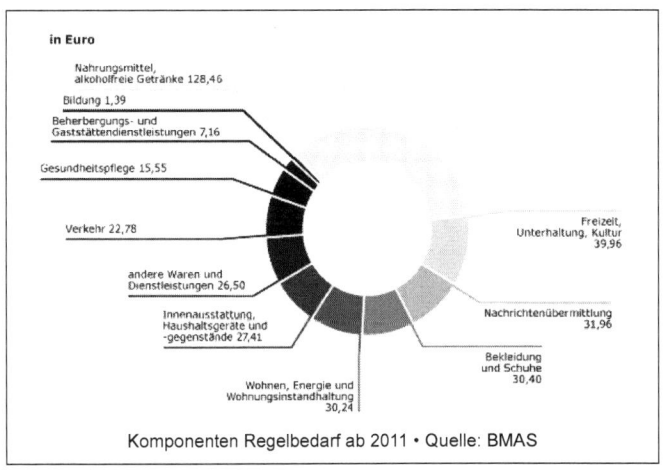

Komponenten Regelbedarf ab 2011 · Quelle: BMAS

23

chenschaft gezogen werden! Auch das ist die vornehmste Pflicht eines demokratischen Rechtsstaats, in dessen Verfassung das Sozialstaatsprinzip verankert ist.

„Wer nicht arbeitet, braucht auch nicht essen", für dieses Zitat bemühten selbst Sozialdemokraten die Bibel, das Alte Testament, wie wir wissen. Aber aufgepasst, damals waren die Propheten noch nicht wirklich zivilisiert, da hieß es auch noch „Auge um Auge, Zahn um Zahn!" In einer solchen Gesellschaft will ich aber nicht leben und eine solche Gesellschaft will ich noch weniger meinen Kindern hinterlassen.

Umgekehrt wird aus dem missbrauchten Zitat viel eher ein Schuh: Wer nicht isst, der kann nicht arbeiten! Vielleicht mal an den Kollegen Harald Lude von der IG Metall: Wühl' mal in Deiner alten Plattenkiste (Ton, Steine, Scherben) ‚Und weil der Mensch ein Mensch ist...'

Und damit komme ich noch einmal zu Hartz IV und zu den Mängeln des Systems. Es ist inzwischen durch das Verfassungsgericht (und damit mit Gesetzesrang) bestätigt, dass die geltenden Regelsätze völlig willkürlich und keineswegs den realen Bedarfen angemessen festgesetzt wurden. Daraus kann unsere Forderung nur lauten: Rauf mit den Regelsätzen, die Menschen haben ein Recht auf ein würdiges Leben!

Ein weiterer unverzeihlicher Fehler ist es, das Kindergeld den Bedarfsgemeinschaften als Einkommen anzurechnen, ihnen eine eigentlich zustehende Leistung quasi in die eine Tasche zu stecken, um sie aus der anderen wieder hinauszuziehen. Wer braucht denn dieses Geld wohl eher, wenn nicht gerade die Familien ohne ausreichenden Erwerb?

Wir müssen uns nicht über gute Bildung für alle unterhalten, wenn wir solche Mängel nicht abstellen! Wir müssen in unsere Kinder und in unsere Familien investieren, sie sind unser sinnvollstes Zukunftsprojekt!

Wir brauchen Arbeit, aber bloß nicht um jeden Preis! Faire Löhne müssen ein Auskommen mit dem Einkommen sicherstellen, deshalb brauchen wir einen flächendeckenden und branchenübergreifenden Mindestlohn. Wir brauchen Regulierungen und Kontrollen der Finanzmärkte, wir müssen Steuerhinterziehung und Kapitalflucht eindämmen und die Steueroasen austrocknen. Wir brauchen eine Börsenumsatzsteuer genauso wie eine höhere Belastung großer Vermögen. Wir brauchen eine deutliche Umverteilung der zur Verfügung stehenden Ressourcen, nicht nur hier, sondern in der gesamten Welt.

In Deutschland verfügen heute 10% der Bevölkerung über 60% des Reichtums, 90% dürfen sich um die verbleibenden 40% des Kuchens balgen. Mit verheerenden Folgen! Ich lese gestern (Mai 2009) in Spiegel-Online, dass ein Filialleiter bei der zum Marktführer aufschwingenden Discount-Kette Netto in der Woche gut und gerne 75-80 Stunden arbeitet – regelmäßig – bei 1800-2000 €/monatlich – brutto, nicht netto! Das ist natürlich eine ausgemachte tarifpolitische Sauerei und ein erschreckender Verstoß gegen geltendes Arbeitsrecht.

Aber ich will noch auf einen anderen Gedanken hinaus: Wir kennen (auch in Spitzenpositionen) in Wirtschaft und Verwaltung Arbeitstage von 12 Stunden und mehr, während Millionen Arbeitslose auf der Straße stehen. Auch hier geht es also – und darauf will ich doch hinaus – im Kern um ein Verteilungsproblem, diesmal nicht um Geld, sondern um den Kuchen „Arbeit".

Ich hätte jedenfalls nichts dagegen, wenn die Kollegen von der IG Metall die Kampagne aus den Achtzigern wieder beleben würden. Damals stand bekanntlich die Forderung nach der 35 Stundenwoche bei vollem Lohnausgleich im Raum!

Und lasst mich das zum Schluss so kurz vor dem 7. Juni (vor den Wahlen zum Europäischen Parlament) noch sagen: Wir brauchen ein starkes und soziales Europa, in dem soziale Standards über eine allgemein verbindliche Charta geregelt werden. Europa liegt vor unserer Haustür, das wisst ihr gerade hier im Grenzgebiet zu unseren holländischen Nachbarn allerbestens. Es war die grenzüberschreitende, europäische Zusammenarbeit in der EUREGIO, die diese Region aus einer Randlage geführt und zur Bewältigung großer struktureller Herausforderungen entscheidend beigetragen hat.

Und das Teuerste muss uns sein: Europa hat uns die längste Friedensperiode in der Geschichte geschenkt, alleine wieder dafür zu stimmen, lohnt den Gang ins Wahllokal!"

Exkurs: Geschichte und Zukunft der Arbeit

Im Rahmen dieses Buches komme ich nicht umhin, auf die Diskussion um unser Verständnis von Arbeit hinzuweisen. Das Thema alleine hat bereits Bücher gefüllt, kluge Köpfe haben ihr Leben dafür verschrieben, die Bedeutung der Arbeit für den Menschen und für die Gesellschaft zu analysieren. Das kann und will ich an dieser Stelle natürlich nicht leisten, aber ich will doch einen ersten Zugang zum soziologischen Diskurs ermöglichen.

Das ist mir wichtig, weil in der öffentlichen Wahrnehmung die Leistungsberechtigten immer und immer wieder als „faule Hartzer" an die Wand gestellt werden. Also auch die alleinerziehende und pflegende Mutter, der darbende Kulturschaffende, der ehrenamtlich und politisch/gewerkschaftlich Engagierte. Alles „Faule", weil nicht lohnabhängig Beschäftigte, nicht dem Diktat eines „Arbeitgebers" unterworfen. Auch der Umgang mit Behinderten im Hartz-System weist auf ein eher beschränktes Verständnis von Arbeit hin. Oder wollten wir einen Stephen Hawking als Leiharbeiter ans Fließband stellen, damit er endlich „arbeitet"!?[1]

....

[1]   Wegen einer schweren Krankheit ist Hawking seit 1968 bewegungsunfähig auf einen Rollstuhl angewiesen. Der brillante Physiker und Astrophysiker kann nur über einen Sprachcomputer kommunizieren.

Funktion der Arbeit - Zwang oder Selbstverwirklichung

Unter den heutigen gesellschaftlichen Bedingungen reduziert sich unser Arbeitsbegriff auf die lohnabhängige(!) Beschäftigung, auch Erwerbsarbeit genannt. Der Arbeitnehmer bietet demnach seine Arbeitsleistung gegen einen Arbeitslohn an. Erwerbsarbeit kann selbständig, unselbstständig (Arbeitnehmer, Angestellter) oder als alimentierter Beamter ausgeübt werden. Typisch bleibt der Erwerbsarbeit dabei jedoch immer das Abhängigkeitsverhältnis, an das ihr Nehmer gefesselt ist.[1]

Diese Form der Arbeit findet im Hartz-System ihre Würdigung. Entwürdigt wird hingegen die millionenfache Form der unentgeltlichen Arbeit. Geldloses, soziales Handeln, das die Menschen Mensch sein lässt. Ob in der Hausarbeit oder Subsistenzwirtschaft (Selbstversorgung), ob im Ehrenamt oder in der Bürgerarbeit, ob selbstlos oder zur Selbstentfaltung. All diese, oft selbstlosen, nicht dem Mammon geweihten Formen der Arbeit, dürften das offiziell ausgewiesene Bruttosozialprodukt (BIP) bei Weitem übersteigen.[2] Wir kennen also keine Arbeitslosen, allenfalls Millionen Ausgegrenzte und Erwerbslose!

....

[1]   Das gilt auch für die vermeintlich Selbständigen, die doch noch immer von ihren Kunden oder Auftraggebern abhängig bleiben.

[2]   Als Äquivalent zu dem rein ökonomischen Wert BIP führte das asiatische Königreich Butan den Index „Bruttonationalglück" (BNG) ein. Ein Versuch, den Lebensstandard in breit gestreuter, humanistischer und psychologischer Weise zu definieren und somit dem BIP einen ganzheitlichen Bezugsrahmen gegenüberzustellen.

Geschichte der Arbeit

Allein das Wort „Arbeit" wie auch seine Übersetzung in unterschiedliche Sprachen verspricht uns nicht wirklich Gutes. Wohl germanischen Ursprungs, bedeutet es so viel wie „verwaist", oder auch „ein zu schwerer körperlicher Tätigkeit verdingtes Kind." Arbeit könnte auch mit „Knechtschaft" oder „Sklaverei" verwandt sein. Im romanischen und angloamerikanischen Sprachraum entspringt die Arbeit dem lateinischen „labor", auf Deutsch „Mühe, Mühsal, Strapaze". Das französische „travaile" leitet sich gar von einem mittelalterlichen Folterinstrument ab.[3]

Der Arbeitsbegriff der Antike

„*Aristokratische*[4] Autoren wie Xenophon, Platon, Aristoteles und Cicero würdigten den Großteil der täglichen Arbeit (Handwerker, Bauern, Kaufleute) herab. Sie galt ihnen (insbesondere körperliche Arbeit) als Zeichen der Unfreiheit. Sklaven (*dúloi*) und Handwerker (*bánausoi*) waren „der Notwendigkeit untertan" und konnten nur durch diese als „unfrei" verstandene Arbeit ihre Lebensbedürfnisse befriedigen. Geistige Arbeit blieb der *scholé* vorbehalten, was etwa „schöpferische Muße" beschrieb, wovon das deutsche Wort Schule herrührt."[5]

....

[3]   vgl.: http://de.wikipedia.org/wiki/Arbeit

[4]   Hervorhebung: N.W.

[5]   ebenda

Arbeiten wie im Mittelalter und in feudaler Herrschaft

In Europa blieben – vor allem in der Landwirtschaft – Formen unfreier Arbeit von Männern und Frauen, auch Kindern und Alten, lange erhalten. Noch heute existieren in großen Teilen der Welt unterschiedliche Erscheinungsformen unfreier Arbeit, von der Arbeitspflicht bis hin zur Arbeitsversklavung und Zwangsarbeit. Wie wir sie im Hartz-System als unsinnige „Beschäftigungsmaßnahmen", als Leih- und Zeitarbeit, in neuester Spielart auch als „Werkverträge" kennen.

Eine positive Bewertung von Arbeit als „produktive Betätigung zur Befriedigung eigener oder fremder Bedürfnisse" war im Rittertum und in der Mystik angelegt. Durch Reformation und Aufklärung rückte sie in den Vordergrund: Eine neue Sicht der Arbeit als sittlicher Wert und Beruf (als Berufung verstanden) des Menschen in der Welt wurde von Martin Luther mit seiner Lehre vom allgemeinen Priestertum ausgeprägt. Schärfer noch wurde im Calvinismus die Nicht-Arbeit überhaupt verworfen."[6]

Industrialisierung und Moderne

„In der Frühphase der Aufklärung wurde Arbeit zum Naturrecht des Menschen erklärt (Jean-Jacques Rousseau). Damit wurde das feudalistische Prinzip der Legitimation kritisiert. Eigentum entsteht einzig durch Arbeit, niemand hat ein von Gott gegebenes Anrecht auf Eigentum. Güter, die nicht durch menschliche Arbeit entstanden sind, sind Gemeinbesitz." Philosophen wie Kant, Hegel, Herder oder Fichte erklärten die Arbeit zur Existenzbedingung und zur sittlichen Pflicht. Frühere und auch spätere Sozialisten proklamierten gar ein Recht auf Arbeit![7]

....

[6]   ebenda

[7]   ebenda

Nach Karl Marx' Werttheorie ist die „menschliche Arbeitskraft" als alleinige Kraft fähig, das Kapital zu vergrößern. Sie tut dies im Kapitalismus unausweichlich. Praktisch spiegelt dies wider, dass in der Phase der Industrialisierung freie Arbeit zur Ware wurde und vorwiegend die düsteren Züge der Erwerbsarbeit annahm. So zum Beispiel in Gestalt der Kinderarbeit, des Arbeiterelends der Verelendung. Alles dies sind Merkmale der daraus entstandenen „Sozialen Frage" die im Hartz-System eine erschreckende Renaissance erlebt.[8]

Die Folgen dieser Entwicklung wurden schon seit Hegel als „Entfremdung" charakterisiert: Der Arbeiter hat zu seinem eigenen Arbeitsprodukt, aber auch zu dem Unternehmen, für das er arbeitet, nur noch das bare Lohnverhältnis und kann dem gemäß nicht mehr stolz auf sie sein. Für Ernst Jünger war Arbeit nicht Tätigkeit schlechthin, sondern der Ausdruck eines „besonderen Seins, das seinen Raum, seine Zeit, seine Gesetzmäßigkeit zu erfüllen sucht". Das Gegenteil von Arbeit sei nicht Ruhe oder Muße, da es keinen Zustand gebe, der nicht als Arbeit begriffen werden könne.[9] Dann erübrigt sich endlich die Diskussion um die Millionen Faulen im Hartz-System!

Die Rolle der Kirchen

In dem bekannten Aufsatz „Die protestantische Ethik und der Geist des Kapitalismus" erörterte der Soziologe Max Weber (1864 – 1920) die Zusammenhänge zwischen wirtschaftlichen und religiösen Entwicklungen.[10] Zwischen der protestantischen

....

[8]   siehe auch: http://de.wikipedia.org/wiki/Soziale_Frage

[9]   vgl.: http://de.wikipedia.org/wiki/Arbeit

[10]   Kaesler, Dirk (Hrsg.), Weber, Max: Die protestantische Ethik und der Geist des Kapitalismus, Vollständige Ausgabe, München 2010

Ethik und dem Beginn der Industrialisierung bzw. des Kapitalismus in Westeuropa besteht nach diesem Werk ein enger Zusammenhang. Die Vereinbarkeit der Ethik der Protestanten, insbesondere der Calvinisten, und dem kapitalistischen Prinzip ist laut Weber ein idealer Hintergrund für die Industrialisierung.

Johannes Calvins (1509 – 1564) Einfluss förderte eine asketische, allem weltlichen entsagende Moral. Wonach es für den Gläubigen der einzige Weg zur Glückseligkeit sei, seinen weltlichen Verpflichtungen (sprich seiner Arbeit) nachzugehen. Aber auch der Katholizismus predigt uns mit seinem „ora et labora" (bete und arbeite) die Mühsal auf Erden, nur so sei uns das Himmelreich. Ein geradezu idealer Nährboden, um darauf die Geknechteten und Versklavten im Hartz-System zu ziehen.

Die Rolle der Gewerkschaften

Diesen religiösen Irrungen scheinen bis heute nicht nur selbst ernannte Arbeiterführer anzuhängen. Land auf Land ab wird gebetsmühlenartig wiederholt, dass wer nicht arbeite auch nicht Mitglied der Gemeinde sein darf. Morgen für Morgen grienen uns die Faulen auf Seite eins des Boulevards doch an!

Dass es im Kern der Diskussion um den sogenannten Arbeitsmarkt schlicht um eine Verteilungsfrage geht, ist dabei auch in den Gewerkschaften angekommen. Die älteren Semester unter uns erinnern sich noch lebhaft an die Kampagne der IG Metall in den 80igern, als die 35 Stundenwoche bei vollem Lohnausgleich gefordert und sogar bestreikt wurde. In Deutschland nahm zwischen 1960 und 2010 das Arbeitsvolumen pro Kopf kontinuierlich um 30 Prozent ab.

Da fragt der Mensch sich heute, warum dergleichen Forderungen nicht wieder lauter werden. Abgesehen davon, dass mit der Agenda 2010 auch die Schlagkraft der Arbeitnehmervertretungen erhebliche Einbußen hinnehmen musste, fand Andreas Meyer-Lauber, immerhin DGB-Vorsitzender im größten Landesverband NRW, eine denkwürdige Antwort auf eine naheliegende Frage: Die Geschichte habe gezeigt, dass Forderungen nach Arbeitszeitverkürzungen immer nur in Zeiten der Vollbeschäftigung durchzusetzen waren. Deshalb machten derartige Forderungen heute keinen Sinn.[11] Die Zwischenfrage, wann und wie denn Vollbeschäftigung wieder herzustellen sei, fand jedoch keine Antwort. Warum auch immer.

Immerhin denkt der DGB-Funktionär Meyer-Lauber laut darüber nach, ein Sanktionsmoratorium zu unterstützen und die Zumutbarkeitsklausel im Hartz-System zu überdenken.[12] Da aller Erfahrung nach gewerkschaftliche Mühlen langsam mahlen, wird die Zeit des Denkens bis zur Bundestagswahl 2013 wohl reichlich knapp!

Das Hartz-Desaster: Die Rolle der Sozialdemokratie und die Agenda 2010

Der CDU-Kanzler Helmut Kohl war es, der 1980 die „geistig-moralische Wende" ausrief, als Kampfansage gegen den Sozialstaat und gegen Arbeitnehmerrechte. Aber wir sollten sicher sein, dass es die Ägide des „Sozialdemokraten" und „Basta-Kanzlers"

....

[11]   Andreas Meyer-Lauber (DGB) in einem Podiumsgespräch anlässlich einer Sitzung des Landesrates DIE LINKE NRW am 20.04.2013 in Wuppertal. Mit: Gunhild Böth (LINKE), Anna Salmen-Irmsch (Tacheles e.V.), Inge Hannemann (Journalistin, Autorin, Jobcenter Hamburg-Altona), MdB Matthias Birkwald (LINKE), Norbert Wiersbin

[12]   20.04.2013 in Wuppertal, a.a.O.

Gerhard Schröder war, die die „Arbeitsmarktreformen" erst ermöglichten.[13]

Schröder setzte 2002 die Kommission „Moderne Dienstleistungen am Arbeitsmarkt" unter Leitung seines Busenfreundes und damaligen VW-Personalvorstandes Peter Hartz ein.[14] Die Arbeitsmarktpolitik sollte effizienter gestaltet und die Arbeitsvermittlung professionalisiert werden. Das ambitionierte Ziel, über vier Millionen Erwerbslose innerhalb von vier Jahren zu halbieren, konnte freilich nie erreicht werden. Wie alle anderen Ziele auch nicht, weil das gesamte Konzept von falschen Grundannahmen ausging. Wo die Erwerbsarbeit ausgeht, nutzt selbst die schönste Arbeitsmarktreform nicht. Dadurch entstehen nun mal keine zusätzlichen Arbeitsplätze.

„Wer nicht arbeitet, braucht auch nicht essen", für dieses Zitat bemühten selbst Sozialdemokraten die Bibel. Das Alte Testament, wie wir wissen. Aber aufgepasst, damals waren die Propheten noch nicht wirklich zivilisiert, da hieß es auch noch „Auge um Auge, Zahn um Zahn!" Umgekehrt wird aus dem missbrauchten Zitat viel eher ein Schuh: Wer nicht isst, der kann nicht arbeiten!

....

[13]   Wir sollten „Reform" durch „Restauration" ersetzen. Neben der Spitze der SPD hat an der Agenda-Politik auch die Spitzenriege des DGB und seinen Mitgliedsgewerkschaften teilgehabt. Und tut es bis heute. Nicht selten in Personalunion!

[14]   Peter Hartz ist Mitglied der SPD und der IG Metall. Er erhielt 1994 von der Universität Trier die Ehrendoktorwürde und 2004 durch den damaligen saarländischen Ministerpräsidenten und heutigen Richter am Bundesverfassungsgericht Peter Müller (CDU) den Titel „Prof. h.c." verliehen (h.c. soll hier für „ehrenhalber" stehen)

Von den vier Hartz-Paketen, die zwischen 2003 und 2005 über uns hereinbrachen, blieben uns ein zügellos ausufernder Sektor prekärer Beschäftigung (Minijobs, Leiharbeit) sowie eine staatliche Arbeitsvermittlung, die sich mehr und mehr zur Verfolgungsbehörde gerierte. Dass die Vermittlungstätigkeit effektiver geworden wäre, kann heute wohl niemand im Ernst behaupten. Weil die schönste Organisation eben keine zusätzlichen Arbeitsplätze schafft. Auch deshalb nicht!

Bis zur Drucklegung dieses Buches Ende April 2013 ist aus der SPD bis tief in ihren Arbeitnehmerflügel hinein keine offene Kritik an der Agenda 2010 zu hören. Trotz massiver Bedenken aus dem In- und Ausland hält die Partei wie die Affen an ihrer asozialen Politik fest: Sie sehen nicht, sie hören nicht und sie sagen auch nichts dazu. Nicht zum zehnten Jahrestag, nicht zu dem Verrat an die arbeitenden Leistungsträger. Nein, die Hauptangeklagten jubeln immer noch im Lichte der Scheinwerfer und preisen sich gegenseitig des Etablierens flächendeckender Hungerlöhne. Wie lange wohl noch?

Dass Peter Hartz später zu einer hohen Geldstrafe verurteilt wurde, tröstet seine Opfer nicht. Wie so viele andere Straftäter seiner Couleur musste er nicht einmal einsitzen. Nur bei Vergehen wie Untreue oder Begünstigung durfte er sich einige Jahre nicht erwischen lassen. Für die Sozialdemokratie dürfte der Weg in die politische Bedeutungslosigkeit wohl steiniger werden.

Postmoderne und Zukunft

Der Soziologe Rudi Dutschke und der Politologe Bernd Rabehl meinten 1967 in einem Gespräch mit Hans Magnus Enzensberger, der technische Fortschritt könne die Erwerbsarbeit in Zukunft erheblich reduzieren: „Dabei muss man bedenken, dass wir fähig sein werden, den Arbeitstag auf fünf Stunden zu reduzieren durch moderne Produktionsanlagen, dadurch dass die überflüssige Bürokratie wegfällt. Der Betrieb wird zum Zentrum der politischen Selbstbestimmung, der Selbstbestimmung über das eigene Leben. Man wird also im Betrieb täglich debattieren, es wird langsam ein Kollektiv entstehen, ein Kollektiv ohne Anonymität, begrenzt auf zwei- bis dreitausend Leute, die also immer noch eine direkte Beziehung zueinander haben.«[15]

So dachten sich die Denker in Zeiten, in denen selbst in kapitalistischen Gesellschaften davon geträumt werden durfte, dass Fortschritt auch zu mehr Freizeit führe. Zwar ist seitdem der technische Fortschritt mit immer rasanterer Geschwindigkeit durch unsere Gesellschaften gerast, dafür ist die kulturelle Entwicklung jedoch jämmerlich verkümmert.

Die kulturelle Verkümmerung macht sich dort aus, wo die Würde des Menschen nichts mehr wert ist und der Staat Hatz auf Erwerbslose macht. Kulturelle Kälte macht sich breit, wenn es politisch gewollt ist, dass Tag für Tag Menschen hungern, obdachlos und krank werden oder sich aus Verzweiflung und

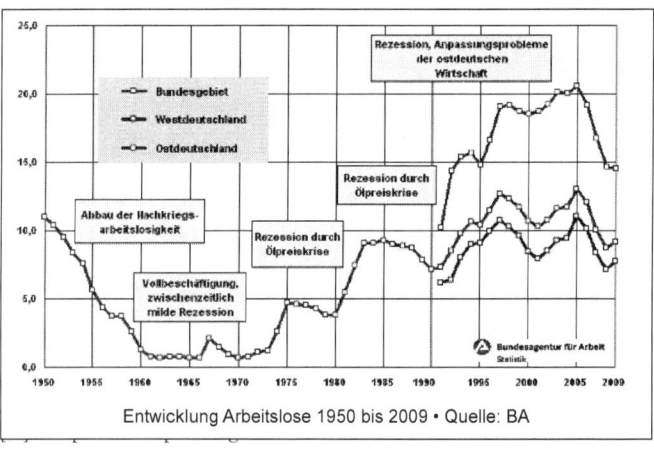

Entwicklung Arbeitslose 1950 bis 2009 • Quelle: BA

Not das Leben nehmen. Unsere Kultur geht zugrunde, wenn „lieber prekäre Arbeit als gar keine Arbeit" ausgebaut und das kulturelle und bürgerschaftliche Arbeiten diskriminiert werden. Wenn „Fordern fördern" zum allgemeinen Motto wird, dann ist die Kultur ganz weit hinten. Deshalb gehört das Hartz-System auf den Müllhaufen der Geschichte!

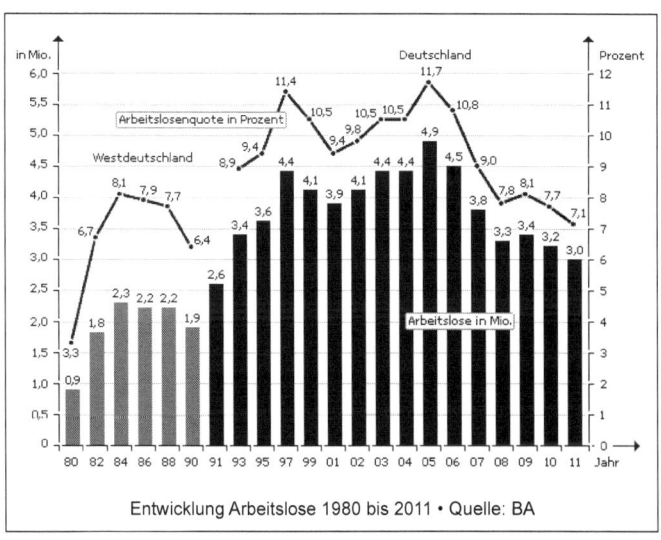

Entwicklung Arbeitslose 1980 bis 2011 • Quelle: BA

Wir müssen uns wehren: für ein politisches Streikrecht

Vor einigen Wochen starteten linke Gewerkschafter und renommierte Wissenschaftler den „Wiesbadener Appell", eine Kampagne zur Wiedereinführung des politischen Streikrechts in Deutschland.

Damit setzen sie sich für ein umfassendes Streikrecht gemäß Artikel 6 Abs. 4 der Europäischen Menschenrechts- und Sozialcharta (ESC) und den Übereinkommen 87 (Vereinigungsfreiheit) und 98 (Versammlungsfreiheit) der Internationalen Arbeitsorganisation (ILO) ein.

Die Europäische Menschenrechts- und Sozialcharta wurde bereits 1965 durch die Bundesrepublik Deutschland ratifiziert, im Artikel 6 Abs. 4 heißt es dort:

„Um die wirksame Ausübung des Rechtes auf Kollektivverhandlungen zu gewährleisten, verpflichten sich die Vertragsparteien (…), (4) das Recht der Arbeitnehmer und der Arbeitgeber auf kollektive Maßnahmen einschließlich des Streikrechts im Falle von Interessenkonflikten, vorbehaltlich etwaiger Verpflichtungen aus geltenden Gesamtarbeitsverträgen."

Das Grundgesetz sieht ausdrücklich kein Verbot des Streikrechts vor, doch 1952 wurde das Streikrecht in Deutschland richterlich verboten, es gilt bis heute als „Richterrecht".

Diese massive Einschränkung der Grundrechte auf Meinungs- und Versammlungsfreiheit verstößt nach Auffassung zahlreicher Kommentatoren gegen nationales und internationales Recht sowie gegen die Prinzipien der Internationalen Arbeitsorganisation (ILO).

Während in fast allen europäischen Ländern das Recht auf politischen Streik gesetzlich verankert ist, gilt es in Deutschland als rückständig und arbeiterfeindlich.

In einer Zeit des massiven Abbaus sozialer und demokratischer Rechte, einhergehend mit einer systematischen Aushöhlung gewerkschaftlicher Einflussnahme, kann das Streikrecht nicht auf tarifvertragliche Fragen begrenzt bleiben. Nur so kann noch eine (geordnete) Abwehr gegen den Ausverkauf sozialer und demokratischer Standards (nicht nur) in Deutschland organisiert werden. Und daher heißt es auch in der Begründung des Wiesbadener Appells:

„Der zunehmende politische Druck führt zu immer mehr Themenkomplexen, denen die Gewerkschaften mit ihren tariflichen Streikmöglichkeiten nicht mehr ausreichend begegnen können. Die Gewerkschaften müssen ihre Kampfmittel auch auf den politischen Streik ausdehnen, um noch genügend Gegenmacht entfalten zu können… Die Tarifpolitik allein kann eine verfehlte und neoliberale Politik nicht ausgleichen. Dadurch haben es die Gewerkschaften immer schwerer den politisch verursachten Verschlechterungen, die auf die Arbeitnehmer, die Erwerbslosen

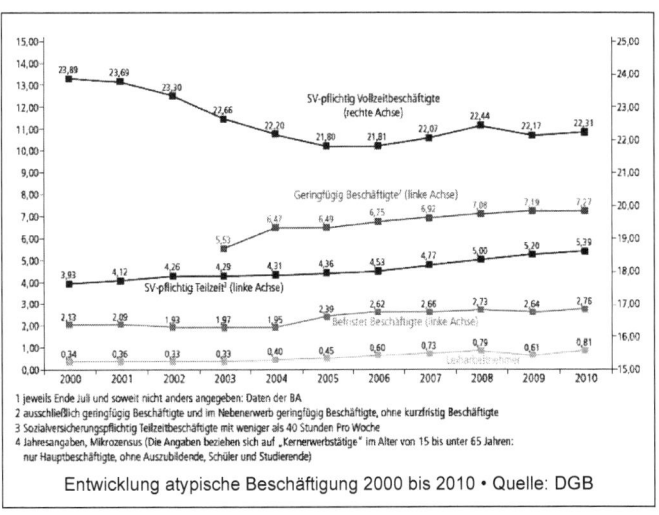

1 jeweils Ende Juli und soweit nicht anders angegeben: Daten der BA
2 ausschließlich geringfügig Beschäftigte und im Nebenerwerb geringfügig Beschäftigte, ohne kurzfristig Beschäftigte
3 Sozialversicherungspflichtig Teilzeitbeschäftigte mit weniger als 40 Stunden Pro Woche
4 Jahresangaben, Mikrozensus (Die Angaben beziehen sich auf „Kernerwerbstätige" im Alter von 15 bis unter 65 Jahren: nur Hauptbeschäftigte, ohne Auszubildende, Schüler und Studierende)

Entwicklung atypische Beschäftigung 2000 bis 2010 • Quelle: DGB und weitere große Teile der Bevölkerung Auswirkung haben, zu entgegnen."

Wie alle sozialen und demokratischen Rechte musste auch das Streikrecht hart erkämpft werden, es tangiert nun einmal zentrale Machtfragen. Arbeitgeber und die Vertreter der Hochfinanz sind sich dieser Tatsache durchaus bewusst, sie nutzen die aktuelle Schwächung der Arbeitnehmer dazu, die wenigen vorhandenen Rechte noch weiter einzuschränken.

Eine alte Weisheit besagt, dass der Mensch nur das bekommt, was er auch laut und nachdrücklich einfordert.

Für die Durchsetzung der Forderungen aus dem Wiesbadener Appell wird eine entsprechend breite Unterstützung ohne Zweifel zwingend erforderlich sein. Die geneigten Leserinnen und Leser haben hier eine erste und direkte Möglichkeit dazu, unterzeichnen Sie den Appell online!

(Für diesen Artikel konnte ich auf Material zurückgreifen, das mir über Veith Wilhelmy zur Verfügung gestellt wurde. Veith Wilhelmy ist Mit-Initiator des „Wiesbadener Appells" und Autor mehrerer Fachbücher zum Streikrecht. Herzlichen Dank an ihn für Rat und Unterstützung!)

Die Freiheit, die ich einklage

„Die Wahrheit macht Euch frei und die Lüge versklavt Euch. Das ergibt sich aus der Dialektik von Wahrheit und Lüge."

Ich zitiere hier einen jungen Mann, mit dem ich gerne im Diskurs stehe. Freiheit ist in aller Munde, die Freiheit ist bedroht, die Freiheit muss sogar am Hindukusch verteidigt werden. „Freiheit statt Sozialismus" sind die Antipoden, mit denen uns die bürgerlichen Parteien seit Dekaden Angst und Schrecken einzujagen suchen.

In einer zunehmend globalisierten Welt- und Wirtschaftsarchitektur findet der Freiheitsbegriff seine Konzentration in den Ansprüchen der Märkte und internationalen Finanzströme. Das ist die unerhörte und unhaltbare Reduktion der Freiheit auf rein ökonomische Aspekte. Der Freiheitsbegriff ist heute pervertiert und hat nichts mehr mit dem universellen Streben der Menschen gemein, dem Streben nach Handlungsfreiheit, Willensfreiheit und individueller Selbstverwirklichung ohne äußere Zwänge.

Das Verständnis von Freiheit ist tief in den menschlichen Kulturen verwurzelt, es dürfte so alt sein, wie der vernunftbegabte Mensch. Dabei befindet sich dieser Begriff seit ehedem in einem beständigen Wandel, er umfasst politische, soziale, rechtliche und persönlichkeitsbezogene, individuelle Dimensionen.

Spätestens seit Immanuel Kant unterscheidet der philosophische Diskurs die „positive Freiheit", also die Freiheit zu etwas und die „negative Freiheit", die Freiheit von etwas. Ich will mich hier auf die positive Freiheit und ihre Bedeutung für die aktuelle politische Situation beschränken. Ich will in einer Phase des kulturellen und auch politischen Niedergangs noch einmal darauf verweisen, dass Freiheit nicht das Privileg einer kleinen, privilegierten Oberschicht sein darf. Freiheit muss ein unangefochtenes Grundrecht für jeden Bürger in unserer Gesellschaft bleiben!

Der Freiheitsbegriff, der unserem heutigen Verständnis und

unserer demokratischen Gesellschaftsordnung zugrunde liegt, ist in der Zeit der Aufklärung (frühes 17. bis spätes 18. Jahrhundert) geprägt worden.

Der politische Aspekt verlangt die Befreiung der Menschen aus der feudalistischen Herrschaftsstruktur, die Garantie von Grund- und Menschenrechten, die Trennung von Staat und Kirche und eine staatliche Gewaltenteilung.

Nach Immanuel Kant (1724 – 1804) ist Freiheit nur durch Vernunft möglich. Demnach kann nur derjenige frei sein, der kraft seiner Vernunft in der Lage ist, das Gute vom Bösen zu unterscheiden und dessen Handeln durch Ethik und Moral geleitet ist. Kern seines „kategorischen Imperativs" ist, dass jeder seinen Weg zur Glückseligkeit solange suchen kann, wie er andere in eben diesem Recht nicht einschränkt.

Friedrich Hayek (1899 -1992) beschreibt Freiheit als einen Zustand, „in dem ein Mensch nicht dem willkürlichen Zwang durch den Willen eines anderen unterworfen wird."

Aus den philosophischen Erwägungen lassen sich Forderungen für den politischen Freiheitsbegriff ableiten, den ich einklage. Für eine demokratische Gesellschaft sind garantierte Freiheiten wie Grund- und Menschenrechte unverzichtbar, zu denen die Meinungsfreiheit, die Freiheit der Weltanschauung und des Gewissens, die (politische) Handlungsfreiheit, die Koalitionsfreiheit, die Versammlungsfreiheit u. a. zählen.

Jedes Recht impliziert jedoch auch eine hohe Verantwortung und die Verpflichtung dieses Recht auch auszuüben und darüber hinaus zu schützen. Und gerade hier erkenne ich erschreckende Unterlassungen seitens der Politiker in unserem Lande.

Wenn Politiker heute (sogar schon öffentlich) darüber nachdenken, die Redefreiheit im Parlament einzuschränken, wenn sie bereit sind, über einen ESM-Vertrag die Haushaltsouveränität der Parlamente aufzugeben, wenn sie es zulassen, dass der Markt auf Kosten anderer „befreit" wird, wenn sie Gesetze von Lobbyisten schreiben lassen... dann kommen diese Politiker und Parlamentarier ihrer demokratischen und auch ethisch-moralischen Verpflichtung nicht mehr nach.

Und im gleichen Atemzug die eigene Freiheit soweit zu missbrauchen, um schadlos aus dem Parlament durch die Drehtür in die „freie Wirtschaft" zu wechseln (und bei Gelegenheit auch wieder zurück) ist nicht die Freiheit, die die Aufklärung meint.
Ein solches Verhalten ist einfach nur schändlich und eines Parlamentariers unwürdig! Deshalb an alle die meinen, demokratische Rechte dem Müllhaufen der Geschichte opfern zu können:
„Handle nur nach derjenigen Maxime, durch die du zugleich wollen kannst, dass sie ein allgemeines Gesetz werde." (Immanuel Kant, Akademie-Ausgabe Kant Werke, Band IV, S. 421)

Empört Euch!

Platon: „Diejenigen, die zu klug sind, sich in der Politik zu engagieren, werden dadurch bestraft, dass sie von Leuten regiert werden, die dümmer sind als sie selbst."

Mir fehlen die Ehrlichkeit in der Politik, die Aufrichtigkeit, die Integrität und auch die intellektuelle und soziale Kompetenz unserer sogenannten Eliten. Sie sind entweder dumm oder böswillig, im Zweifelsfall auch beides.

Die „politische Klasse" ist getrieben von den Kräften des Marktes, fernab von eigenständigem Handeln, geschweige denn von der Kraft zur Gestaltung gesellschaftlicher Prozesse. Das gilt expressis verbis für die beiden „Volksparteien" und ihre jeweiligen Appendixe.

Während die einen mit der Agenda 2010 der Willkür des „Marktes" jede Tür und jedes Tor geöffnet haben, bedienen heute die anderen eine „marktkonforme Demokratie".

Mich empört, dass auch nach nunmehr über zehn Jahren gescheiterter „Agenda-Politik" deren Ergebnisse, die sich in zunehmender Verarmung, in prekarisierten Arbeits- und Erwerbsverhältnissen, die sich in Hungerarbeit und Verelendung widerspiegeln, noch von so vielen Parteigängern gepriesen werden.

Diejenigen, die das alles durch ihr Abstimmungsverhalten verbockt haben, sind dokumentiert und sollten dafür zur Verantwortung gezogen werden.

Ich werde jedenfalls in den kommenden Wahlkämpfen diese Förderer der gesellschaftlichen Spaltung in Arm und Reich nicht unterstützen, ich verweigere mich diesen Kandidaten, die uns nicht nur die Rezepte von gestern preisen, sondern auch noch als neue verkaufen wollen.

„Marktkonform" steht anderweitig nicht für eine Weiterentwicklung demokratischer Strukturen im Sinne von erweiterter

Partizipation, im Gegenteil, dieses vermeintlich harmlose Adjektiv steht für die Entmachtung des demokratischen Souveräns, des Demos, des Volkes!

Das zeigt sich tagesaktuell geradezu dramatisch im geplanten Abkommen zum ESM, wie über die gesamte sogenannte Eurokrise hinaus.

In Italien und Griechenland sind jüngst Regierungen installiert worden, ohne jegliche demokratische Legitimation. Die Spitzen wurden mit ehemals leitenden Direktoren eines der größten Finanzsyndikate der Welt, Goldman Sachs, besetzt.

Der ESM sieht eine weitgehende Aufgabe des parlamentarischen Haushaltsrechts zugunsten einer bisher dubiosen „Kommission" vor, das ist die Aufgabe des Kerns einer parlamentarischen Demokratie.

„Das ist verfassungsrechtlich unter dem Gesichtspunkt der Demokratie nicht haltbar. Die Budgethoheit des Parlaments wird als Kernbestandteil der Demokratie verstanden, als eines der vornehmsten Rechte des Parlaments. Das Budgetrecht des Parlaments ist eines seiner vornehmsten Rechte, das in der Geschichte in langen Kämpfen der Exekutive abgerungen wurde. Drei große Revolutionen, die puritanische, die US-amerikanische und die große Französische Revolution hatten ihren Ausgangspunkt im Streit um das Budgetrecht der Volksvertretung."

Die Gestaltungskräfte von Regierungen und Parlamenten schwinden gewollt oder hilflos dahin, eine Erosion, die absichtlich oder fahrlässig die Demokratie aushöhlt. Aber das muss nicht das Ende der Demokratie sein, es gibt sie, die außerparlamentarischen Formen des politischen Engagements.

Nutzen wir sie, nutzen wir die neuen Medien zur Information und Meinungsbildung, lasst uns bunte Proteste organisieren, Formen des zivilen Ungehorsams, lasst uns uns vernetzen und aufbegehren.

Der „Occupy-Bewegung" kommt dabei eine große, weil internationale Bedeutung zu, wir sollten sie unterstützen. Die Proteste gegen das „Anti-Counterfeiting Trade Agreement (ACTA)" haben es noch jüngst gezeigt: Es müssen nicht die Dümmeren und Böswilligen regieren!

Recht muss Recht bleiben, basta!
Rechtliche Erwägungen zu den Sanktionen im SGB II

Im Zuge meiner Recherchen zur Sanktionspraxis im SGB II (Hartz IV) las ich von Prüfungen namhafter Juristen hinsichtlich der strafrechtlichen Relevanz dieser sich ausweitenden Verwaltungspraxis.

Juristischer Ausgangspunkt ist dabei wohl, dass niemand mit Hinweis auf einen „Weisungsnotstand" mit seinem administrativen Handeln Recht brechen darf.

Nach Auffassung zahlreicher Kritiker verstoßen die Sanktionen insbesondere gegen die Würde des Menschen (Art. 1 GG), dem Schutz der Familie (Art. 6 GG) sowie dem Sozialstaatsprinzip (Art. 20 GG Abs.1).

„Einmal gesetztes Unrecht, das offenbar gegen kontinuierliche Grundsätze des Rechtes verstößt, wird nicht dadurch zu Recht, dass es angewendet und befolgt wird." (BVerfG, Az: 2 BvR 557/62, 14.02.1968)

Als juristischer Laie sind mir Begriffe wie „Rechtsgeltung", „Rechtsgut" und „Rechtsgüterabwägung" geläufig, ich habe mich auf die Suche nach näheren Informationen dazu gemacht, um die Frage zu klären, wann Rechtsvorschriften (wie in diesem Fall nach § 31 SGB II) mit geltendem Recht nicht mehr vereinbar sind.

Dazu fand ich Hinweise auf eine ständige und damit verfestigte Rechtsprechung der obersten Gerichte.

„Rechtsvorschriften ist die Geltung als Recht dieser Ansicht zufolge dann abzuerkennen, wenn sie fundamentalen Prinzipien der Rechtsstaatlichkeit sowie den elementaren Menschenrechten so evident widersprechen und in ihnen ein offensichtlicher schwerwiegender Verstoß gegen die Grundgedanken der Gerechtigkeit und der Menschlichkeit zum Ausdruck kommt, dass der Richter, der sie anwenden oder ihre Rechtsfolgen anerkennen wollte, Unrecht statt Recht sprechen würde. Solche „Rechts"-

Vorschriften sind als extremes staatliches Unrecht auch nicht dadurch wirksam geworden bzw. erlangen auch nicht lediglich dadurch die Qualität als Recht, dass sie über einige Jahre hin praktiziert worden sind oder dass sich seinerzeit die Betroffenen mit den Maßnahmen im Einzelfall abgefunden haben. Denn einmal gesetztes, extremes staatliches Unrecht, das offenbar gegen konstituierende Grundsätze des Rechts verstößt und das sich nur solange behaupten kann, wie der dafür verantwortliche Träger der Staatsmacht faktisch besteht, wird nicht dadurch zu Recht, dass es angewendet und befolgt wird."

Und ich fand weitere interessante Hinweise zur rechtlichen Bewertung der Vorschriften in Hartz IV: „Rechtsgüter sind in der Regel „disponibel" (verfügbar)."

Der Inhaber eines Rechtsguts kann nach seinem freien Willen über seine Rechtsgüter verfügen (disponieren).

Eine Ausnahme bilden nach ganz herrschender Meinung die Menschenwürde sowie das Leben.

Überschreiten die widerrechtlichen Eingriffe eine gewisse Schwelle, so kann dies strafrechtlich geahndet werden.

Die Schwelle bestimmt sich dabei nach dem jeweiligen Erfolgs- und Handlungsunwert.

Der strafrechtliche Schutz der Individualrechtsgüter ergibt sich auch aus der Pflicht des Rechts- und Sozialstaats, die individuellen Rechtsgüter zu schützen.

Ein strafrechtlich relevanter Eingriff in Individualrechtsgüter ist gleichzeitig ein Eingriff in die Rechtsordnung als solche.

Aus dem Beamtenrecht ergibt sich sogar eine besondere Verpflichtung, Unrecht zurückzuweisen, das sog. Remonstrationsrecht (§ 36 BeamtStG).

Demnach muss „der Beamte seine dienstlichen Handlungen auf ihre Rechtmäßigkeit prüfen. Hat er Bedenken gegen die Rechtmäßigkeit einer Weisung, so muss er seinem unmittelbaren

Vorgesetzten gegenüber remonstrieren, d. h. gegen die Ausführung der Weisung Einwände erheben. Bestätigt der unmittelbare Vorgesetzte die Anweisung und sind die Bedenken des Beamten nicht ausgeräumt, so muss sich der Beamte an den nächsthöheren Vorgesetzten wenden."

Dabei hat der Beamte keinen Ermessensspielraum, nicht einmal eine Gehorsamspflicht darf ihn davon abhalten, die Weisung zu einer Straftat abzulehnen.

Aber: „Die Remonstrationspflicht ist im Beamtenalltag ein nur selten genutztes Recht, da ein Remonstrant häufig befürchtet, als Querulant abgestempelt zu werden. Trotzdem oder gerade deshalb wird die Remonstration in neueren Beiträgen zur Verwaltungsethik sowie zum Whistleblowing (Aufdeckung von Skandalen) thematisiert."

Es wurde bereits über erste Strafanträge von Betroffenen Hartz IV-Empfängern berichtet, die mit wütenden und völlig überzogenen Gegenangriffen der Jobcenter beantwortet werden.

Hier scheinen einige verantwortliche Beobachter die Finger in die offenen Wunden des Rechts- und Sozialstaats gelegt zu haben.

Es bleibt spannend, wie die juristische Erörterung hier weitergeführt wird.

Gegen Sanktionen im SGB II (Hartz IV)

Am Donnerstag den 26. April fand eine Abstimmung im Bundestag zu einem Antrag der Fraktion DIE LINKE statt, der die sofortige Aussetzung von Sanktionen im Rechtskreis des SGB II (Hartz IV) vorsah. Der Antrag wurde durch die Fraktionen der CDU und FDP abgelehnt, die gesammelte SPD-Fraktion sowie die Fraktion von BÜNDNIS 90/DIE GRÜNEN enthielten sich der Stimme, mit rühmlicher Ausnahme des Abgeordneten Hans-Christian Ströbele (Grüne). Ich habe daraufhin mehrere Abgeordnete der SPD dazu aufgefordert, dieses Abstimmungsverhalten zu erklären, mir sind nicht wenige Mitstreiterinnen und Mitstreiter mit vergleichbaren Anfragen an „ihre" Abgeordneten gefolgt. Inzwischen erreichen mich erste enttäuschende bis empörende Antworten. Darin werden die Sanktionen zumindest in Teilen legitimiert, größtenteils werden jedoch untaugliche Ablenkungsmanöver gefahren. Meine Hinweise auf Menschen- und

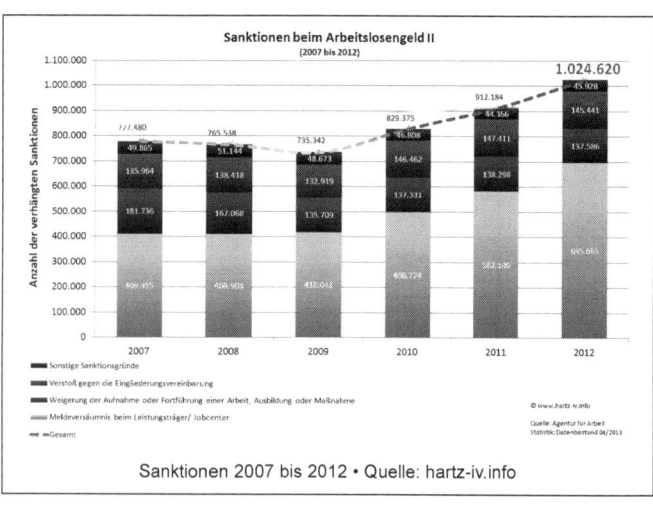

Sanktionen 2007 bis 2012 • Quelle: hartz-iv.info

Grundgesetzverletzungen werden entweder negiert oder schlichtweg ignoriert. Abgestellt wird lieber auf jahrelange Argumentationslinien: „Verfahren müssen verbessert und die Vermittlung in den Arbeitsmarkt optimiert werden... usw."

Dabei fehlt jedoch durchgängig die Antwort darauf, wohin denn Erwerbslose vermittelt werden sollen, wenn der „Markt" keine erwerbsichernde und menschenwürdige Arbeit bietet. Selbst ausgewiesene Juristen (die finden sich in der Politik bekanntlich zuhauf) versteigen sich dazu, die als menschenrechts- und grundgesetzwidrige Verurteilung der Sanktionen als „unbegründet" zu bezeichnen. Schließlich habe das Bundesverfassungsgericht noch kein entsprechendes Urteil gesprochen. Ich lasse das hier so stehen, die Leserinnen und Leser mögen sich ihr eigenes Urteil bilden, idealerweise bevor sie ein wenig tiefer in die Materie eingedrungen sind. Ich verweise an dieser Stelle nur darauf, dass das Bundesverfassungsgericht bereits mehrfach die Festsetzung des Existenzminimums gem. SGB II/SGB XII als nicht grundgesetzkonform kritisiert hat, in den letzten Tagen kam noch einmal das Landessozialgericht Berlin zu einer gleichlautenden Entscheidung. Im Mittelpunkt dabei stehen die Gebote der Unantastbarkeit der menschlichen Würde (Artikel 1 GG), des daraus wie aus den international anerkannten und verbindlichen Menschenrechten abgeleiteten Rechts auf ein kulturelles Existenzminimum und der Teilhabe am gesellschaftlichen Leben. Wenn aber die Hartz IV Regelsätze schon diese universellen Rechte nicht garantieren, wie können dann Sanktionen – und das sind ja dann noch weitere, dramatische Absenkungen der Transferleistungen – noch in irgendeiner Weise legitimiert und mit dem Recht vereinbart werden!?

Das geht schlichtweg nicht! Und es stellt sich die drängende Frage – und das sollten die Mandatsträger als Mitglieder gesetzgebender Organe genauestens beobachten und berücksichtigen:

Wie werden diese Gesetze in den Behörden und Verwaltungen umgesetzt, was machen die beauftragten Beamten und Angestellten des öffentlichen Dienstes daraus?

Im Zuge der tagesaktuellen Diskussion kursieren Gerüchte, dass über die Städte- und Gemeindetage Kennziffern für ein „Benchmarking" (zu Deutsch: Wettbewerb, Wettlauf) der Jobcenter formuliert wurden. Darunter befände sich auch das Kriterium „Sanktionen". Wie mir im Rahmen meiner Recherche heute noch bekannt wurde, sollen sogar von einzelnen Jobcentern und der Bundesagentur für Arbeit konkrete Zielvereinbarungen zu den Sanktionen vereinbart worden sein. Ich kann (das sage ich für potenzielle Kläger gegen mich hier laut und deutlich) diese Behauptungen nicht belegen, ich schreibe hier bewusst im Konjunktiv! Aber ich verfolge mit diesem Beitrag ein Ziel: Ich bitte die Leserinnen und Leser mir beim Aufspüren von Dokumenten wie o.g. Zielvereinbarungen, Dienstanweisungen, eben bei der Dokumentation dieser rechtswidrigen und menschenverachtenden Praxis zu helfen. Wir müssen dieses Unrecht an den Pranger stellen. Oder ganz einfach:

Ich bitte darum, die Menschenwürde zu verteidigen!

Arm und ohne Recht

Die Zahl der Einkommensarmen und von Armut Bedrohten ist auch in diesem Jahr weiter gestiegen. Viele Beobachter sind sich einig, dass die Armut politisch gewollt, ja sogar vorsätzlich herbeigeführt wurde.

Dafür finden wir ausreichende Indizien, Belege und Bestätigungen. Der frühere Bundeskanzler Gerhard Schröder ist sich bis heute nicht zu schade, sich der Einführung eines europaweit einzigartigen Niedriglohnsektors zu rühmen, unterstützt von der Funktionärsclique aus Partei und Fraktion und einem willfährigen Heer sozialdemokratischer Parteisoldaten.

Damit ist der Acker für Schwarz-Gelb bestellt worden, die Koalition nutzt begeistert jede Steilvorlage, um die Demontage des Sozialstaates voranzutreiben. Mit der Folge, dass heute Millionen Arbeitnehmerinnen und Arbeitnehmer mit ihrem Einkommen nicht einmal mehr ein Auskommen sichern können und als Aufstocker auf zusätzliche staatliche Transferleistungen angewiesen sind.

Wir sprechen von prekären, von unsicheren und ausgrenzenden Arbeits- und Lebensbedingungen, die ein für das demokratische Gemeinwesen bedrohliches Ausmaß angenommen haben. Die Betroffenen werden nicht nur ökonomisch und sozial ausgegrenzt, in zunehmendem Maße werden ihnen auch elementare Rechte vorenthalten. Eine Entwicklung, die jede Rechtsstaatlichkeit auf den Kopf stellt.

Der Rechtsstaat sollte Verfassungsprinzipien, die Gewährung von Grund- und Menschenrechten sowie den Schutz der Bürger vor Unrecht und staatlicher Willkür garantieren. Das kann aber nur funktionieren, wenn auch jedem Bürger der Zugang zur Gerichtsbarkeit und damit die Durchsetzung seiner Rechte ermöglicht wird.

Die umjubelte „Flexibilisierung des Arbeitsmarktes" und die damit einhergehende Hartz-Gesetzgebung verstößt nicht nur aus Sicht internationaler Beobachter gegen die geltende Rechtsordnung, gegen internationale Abkommen und verbindliches Völkerrecht. Schon im Mai 2011 kritisierte der aktuelle UN-Bericht „Abschließende Betrachtungen des Ausschusses über wirtschaftliche, soziale und kulturelle Rechte" die Sozialpolitik der Bundesregierung, insbesondere die Hartz IV-Gesetzgebungen. Dort heißt es zusammenfassend: „Der Ausschuss fordert den Vertragsstaat (die Bundesrepublik Deutschland) dazu auf, sicherzustellen, dass seine Systeme zur Arbeitslosenhilfe die Rechte des Individuums zur freien Annahme einer Beschäftigung seiner oder ihrer Wahl ebenso wie das Recht auf angemessene Entlohnung respektiert."

Derweil werden bis Ende 2012 über eine Million Sanktionen gegenüber den „dauerhaft Überflüssigen" (Oskar Negt) ausgesprochen, werden die Menschen in Hunger, Obdachlosigkeit bis hin zum (Frei-)Tod getrieben.

„In Gesetz gegossene Verfassungswidrigkeit" titelte der Wirtschaftswissenschaftler und Sozialforscher Lutz Hausstein in den Nachdenkseiten und trifft damit die sozialpolitische Realität auf den Kopf. Aber damit nicht genug, es geht ans Eingemachte!

Nun sieht ein Gesetzentwurf vor, den Zugang zur Beratungs- und Prozesskostenhilfe für Menschen mit geringem Einkommen einzuschränken. Die von der Bundesregierung überarbeitete Fassung liegt mittlerweile im Bundesrat und im Bundestag vor und soll bereits im Februar 2013 in die parlamentarischen Beratungen gehen. Für einkommensarme Menschen soll es keinen ungehinderten Zugang zu einem Rechtsanwalt mehr geben.

„Dies würde vor allem Frauen, prekär Beschäftigte und Erwerbslose benachteiligen. Gerade für Hartz-IV-Empfänger gelten fast alle Jobs als zumutbar. Das neue Gesetz würde es ihnen deutlich erschweren, gegen die zunehmenden Sanktionen der Jobcenter juristisch vorzugehen und sich einen Anwalt zu nehmen", heißt es dazu in einem Protestaufruf der DGB- Gewerkschaft „ver.di".

Noch einmal: Der Rechtsstaat sollte Verfassungsprinzipien, die Gewährung von Grund- und Menschenrechten sowie den Schutz der Bürger vor Unrecht und staatlicher Willkür garantieren. Wenn diese Maxime aufgegeben werden, werden der Willkür und dem Unrechtsstaat Tür und Tor geöffnet. Die Koalition ist schamlos dabei, „unveräußerliches Recht" zu verkaufen. Den Preis bezahlen diejenigen, die arm sind… und ohne Recht.

Brief an einen Beamten

Oha, schon Donnerstag im Mittag. Nun wird es aber Zeit, Dir diesen Brief zu schreiben. Wir sind schon in der zweiten Wochenhälfte, da wird es eng, Dich noch an Deinem Arbeitsplatz zu erwischen. Geschweige denn noch aufmerksam. Für mich, den kleinen, unbedeutenden Bürger. Vielleicht hast Du ja schon Deinen Schreibtisch aufgeräumt, damit Du geruhsam ins Wochenende gleiten kannst. Nachdem Du schon geruhsam in die Woche geglitten warst (jetzt hätte ich doch beinahe „gelitten"... Aber das ist ein anderes Thema).

Wie Du häufig gleitest, nicht nur in der Arbeitszeit. Beamter bist Du also. Im Auftrag des Staates bewältigst Du Aufträge. Oft sind es die Kleinen , manchmal auch die Größeren. Je nach Standpunkt oder Blickwinkel. Weil klein oder groß immer eine Frage der Relation ist. Aber ich will Dich jetzt nicht überfordern. Du gleitest doch eh schon, nicht erst seit Wochenanfang.

Als Beamter hast Du eine besondere Treuepflicht gegenüber Deinem Dienstherrn. Das ist der Staat, das sind wir, die Bürgerinnen und Bürger. Diese Treuepflicht bezieht sich zu aller erst auf die freiheitlich -demokratische Grundordnung und auf die Treue zum Recht. Zur Erinnerung, das Grundgesetz beginnt mit dem Satz: Die Würde des Menschen ist unantastbar. Im Gegenzug gewähren wir Dir Fürsorge. Während des aktiven Dienstes, bei Krankheit und Invalidität . Auch im Ruhestand wirst Du durch uns versorgt sein, durch uns Bürgerinnen und

Bürger. Dir als Beamter ist ein angemessener Lebensunterhalt sicher, in der Regel lebenslänglich, bis zu Deinem letzten Atemzug.[1]

Das alles, diese Sicherheit, das trockene Ufer und der satte Bauch werden für Euch in einem gesonderten Beamtenrecht geregelt. Dort stehen aber auch Verpflichtungen drin, in geltendem Recht! Da heißt es: „Nach den Vorschriften des Beamtenrechts muss der Beamte seine dienstlichen Handlungen auf ihre Rechtmäßigkeit prüfen. Hat er Bedenken gegen die Rechtmäßigkeit einer Weisung, so muss er seinem unmittelbaren Vorgesetzten gegenüber remonstrieren, d. h. gegen die Ausführung der Weisung Einwände erheben."[2]

Remonstrare. Ich übersetze aus dem Lateinischen, für die, die nicht im humanistischen Geiste erzogen wurden, wollten oder konnten: zurückweisen, nein sagen, wenn Unrecht zu Recht wird. Wie im Hartz-System tägliche Praxis!

Nur, Du remonstrierst nicht, warum auch immer. Oder Dein Nein ist zu verhalten, wir hören es nicht, wir Bürgerinnen und Bürger. So gleiten Du und unzählige weitere Beamte durchs Leben. Auf dem sicheren Ufer, alle trocken, nicht wenige von Euch mehr als satt.

Wann gedenkst Du, endlich Deinen sprichwörtlichen Arsch zu bewegen!? Wann willst Du Dir endlich die lebenslange Alimentierung auch verdienen!? Remonstriere, sag endlich nein zu dem täglichen Unrecht. Verdammt noch mal! Ok, nach dem Wochenende, ich wollte Dich ja nicht überfordern.

....

[1]   vgl.: http://de.wikipedia.org/wiki/Beamter_(Deutschland)

[2]   http://de.wikipedia.org/wiki/Remonstrationsrecht

So, das soll's dann für diese Woche gewesen sein, in Deiner miefigen Amtsstube. Wenn ich Dir jetzt auch noch ein entspanntes Wochenende wünschen würde, wäre es wohl doch zu viel der Ironie. Also grüße ich Dich einfach.

Ich, Bürger!

P.s.: Gerne korrespondiere ich mit den Beamtinnen und Beamten, die sich bereits etwas getraut haben oder auch noch trauen wollen. Die Post werde ich auf absehbare Zeit wohl bearbeiten können, ich fürchte, es wird nicht die meiste werden.

Exkurs: Hartz IV verstößt gegen internationales und nationales Recht

In der anhaltenden und an Schärfe zunehmenden Diskussion um die rechtliche Bewertung des SGB II (Hartz IV) wird ein unabdingbarer juristischer Grundsatz nicht ausreichend berücksichtigt. Dieser lautet: Höheres Recht bricht niedrigeres Recht (lex superior derogat legi inferiori)! Im Rechtskreis des SGB II findet dieser Grundsatz keine Anwendung, eine Entwicklung, die eindeutig die Prinzipien jeder Rechtsstaatlichkeit außer Kraft setzt – rechtswidrig, wie sich zeigen wird, nationales wie internationales Recht eindeutig verletzend. In dem vorliegenden Exkurs wird der Nachweis geführt, dass niedriges Recht (das SGB II) schon in seinen Grundzügen sich unerlaubt und ohne Rechtfertigung gegen höheres Recht stellt und das in einem derart erschreckenden Ausmaß, dass die Zeit gekommen ist, sich auch auf gerichtlichem Wege dagegen zur Wehr zu setzen. Dort wo der Rechtsstaat disponibel wird, systematisch und politisch gewollt, dort ist die Preisgabe der freiheitlich-demokratischen Grundordnung bereits auf den Weg gebracht.

Die Mütter und Väter des Grundgesetzes waren von der festen Absicht beseelt, schreiendes Unrecht, wie es in Zeiten des nationalsozialistischen und faschistischen Terrorregimes des „Dritten Reiches" herrschte, auf ewig zu verhindern. Deshalb garantiert Artikel 20 des Grundgesetzes für die Bundesrepublik Deutschland im Abs. 4 das Recht eines jeden Deutschen, gegen jeden Widerstand zu leisten, der es unternimmt, die dort in Abs. 1 bis 3 niedergelegte Verfassungsordnung zu beseitigen, wenn andere Abhilfe nicht möglich ist. Angesichts der faktischen Außerkraftsetzung grundgesetzlich garantierter und durch international verbindliches Völkerrecht verbriefter Menschenrechte, wird der Widerstand geradezu zur Pflicht!
Dieser Widerstand wächst zusehends, eine überparteiliche und

außerparlamentarische Bewegung macht sich bereit für den entscheidenden Kampf zur Verteidigung der freiheitlich-demokratischen Grundordnung, stellt sich auf, um die Wiedergeburt eines menschenverachtenden und mörderischen Faschismus abzuwehren. Im vorliegenden Beitrag geht es mir darum, Wege aufzuzeigen, die dieser Bewegung zum Erfolg verhelfen können, auch wenn es schon eine Minute vor zwölf ist. Dabei habe ich in den letzten Tagen hochgradige Unterstützung aus dem europäischen Ausland erhalten. Dort wächst die Empörung über die Entwicklungen in Deutschland, einem wachsenden Unrechtsstaat, der sich mal wieder dazu aufschwingt, mit seinem Wesen Europa und schließlich die gesamte Welt zu tyrannisieren. Dort wächst aber auch die Bereitschaft, besagten Widerstand zu unterstützen. Dies ist, das darf ich an dieser Stelle schon vorwegnehmen, ein erster Erfolg besagter Bewegung, ihr ist bereits gelungen, die Aufmerksamkeit auf die deutschen Verhältnisse zu lenken und internationalen Beistand zu organisieren. Die Geister die gerufen sind, werden nicht mehr loslassen, bis die verbrecherische Politik einer gesetzlosen „Elite", die sich über Recht und Moral stellt, ein Ende findet.

Ich werde nun, in der Rangfolge der Rechtsgüter („von oben nach unten"), den vielfältigen und wie gesagt systematischen Rechtsbruch aufzeigen, vom Völkerrecht bis hin zum nationalen Recht. Ich werde zu jedem erkannten Rechtsbruch Wege aufzeigen, die die Bundesrepublik Deutschland und ihre Vertreter zur Anklage bringen und diese in ihre Schranken zu verweisen behilflich sein können. Die aufgezeigten Rechtswege sind Erfolg versprechend, ersetzen aber nicht den organisierten Widerstand außerhalb und innerhalb der Parlamente. Wem die Verteidigung der Demokratie ernsthaft am Herzen liegt, der darf keine Möglichkeit des Aufbegehrens und des aktiven Kampfes auslassen. Der Widerstand muss jetzt ein Ausmaß annehmen, der die Ewig-

Gestrigen und ihre faschistoiden Absichten von der Bühne der Geschichte hinweggefegt. Noch ist es nicht zu spät, noch haben die Unmenschen nicht obsiegt!

1. Charta der Grundrechte der Europäischen Union (EMRK)

Die „Charta der Grundrechte der Europäischen Union" kodifiziert Grund- und Menschenrechte im Rahmen der Europäischen Union. Mit der Charta sind die EU-Grundrechte erstmals umfassend schriftlich und in einer verständlichen Form niedergelegt. Sie orientiert sich an der Europäischen Menschenrechtskonvention und der Europäischen Sozialcharta, den mitgliedstaatlichen Verfassungen und internationalen Menschenrechtsdokumenten, aber auch an der Rechtsprechung der europäischen Gerichtshöfe.

Die Charta wurde ursprünglich vom ersten europäischen Konvent unter dem Vorsitz von Roman Herzog erarbeitet und u. a. vom Europäischen Parlament und vom Rat der Europäischen Union gebilligt. Rechtskraft erlangte die zur Eröffnung der Regierungskonferenz von Nizza am 7. Dezember 2000 erstmals feierlich proklamierte Charta - nach dem Scheitern des Europäischen Verfassungsvertrages - jedoch erst am 1. Dezember 2009, gemeinsam mit dem Inkrafttreten des Vertrags von Lissabon. Die Grundrechtecharta ist nicht mehr Teil des Vertrags, wie noch in dem gescheiterten Verfassungsentwurf vorgesehen; durch den Verweis in Artikel 6 des durch den Lissaboner Vertrag geänderten EU-Vertrages wird sie jedoch für alle Staaten, ausgenommen das Vereinigte Königreich und Polen, für bindend erklärt. (...) Die Charta enthält die auf Ebene der Union geltenden bzw. unionalen Grundrechte, die bisher nur durch einen allgemeinen Verweis auf die Europäische Menschenrechtskonvention und auf die gemeinsamen Verfassungsüberlieferungen der Mitgliedstaaten der Europäischen Union im Vertrag genannt wurden (Artikel 6 Absatz 3 des EU-Vertrags). Mit ihrer „Sichtbarmachung" in der Charta sollen die Grundrechte für den Einzelnen transparenter werden. Zugleich sollen Identität und Legitimität der Europäischen Union - als Wertegemeinschaft - gestärkt werden.

In sechs Titeln (Würde des Menschen, Freiheit, Gleichheit, Solidarität, Bürgerrechte und justizielle Rechte) fasst die Charta die allgemeinen Menschen- und Bürgerrechte und die wirtschaftlichen und sozialen Rechte in einem Dokument zusammen. Sie zeigt damit eindrücklich die Unteilbarkeit der Grundrechte. Zudem enthält die Charta einige wesentliche Grundsätze, an die sich vor allem der europäische Gesetzgeber zu halten hat."[1] So werden z. B. „würdige Arbeitsbedingungen" garantiert und jede Art der Diskriminierung verboten.

Einige der in der Charta garantierten Rechte gelten absolut und ohne jegliche Einschränkung, so die Menschenwürde (Art. 1), das Folterverbot (Art. 4) oder das Sklavereiverbot (Art. 5). In diese Rechte dürfen Union und Mitgliedstaaten nicht eingreifen, und jede Relativierung – etwa beim Folterverbot – verbietet sich. Ich werde im Verlaufe dieses Exkurses noch detaillierter darauf eingehen.

....
[1]   http://de.wikipedia.org/wiki/
      Charta_der_Grundrechte_der_Europ%C3%A4ischen_Union

1.1. Art. 6 EMRK: Recht auf ein faires Verfahren

„(1) Jede Person hat ein Recht darauf, dass über Streitigkeiten in Bezug auf ihre zivilrechtlichen Ansprüche und Verpflichtungen oder über eine gegen sie erhobene strafrechtliche Anklage von einem unabhängigen und unparteiischen, auf Gesetz beruhenden Gericht in einem fairen Verfahren, öffentlich und innerhalb angemessener Frist verhandelt wird. Das Urteil muss öffentlich verkündet werden. (...)"[2]

1.1.1. „Faires Verfahren" versus Sanktionspraxis im Rechtskreis des SGB II

Die Sanktionspraxis ist in den §§ 31 und 32 des SGB II durch den Gesetzgeber legitimiert, sie verstößt u.E. gegen das Gebot eines fairen Verfahrens, das im Art. 6 EMRK völkerrechtlich verbindlich und absolut geregelt ist.

Die Sanktionen im SGB II sind juristisch als sog. Verwaltungsstrafe zu werten. Diese Strafen werden von Verwaltungsangestellten einer Behörde (hier Jobcenter) verhängt, auch mögliche Widersprüche dagegen werden von den gleichen Behörden beschieden. Diese Behörden erfüllen in keinster Weise die Voraussetzungen für das gebotene Recht auf ein faires Verfahren, sie können die Anfordernisse einer anerkannten Judikatur nicht erfüllen, ihnen fehlt jegliche Tribunalqualität. Dazu müssten die Jobcentermitarbeiter, die Strafen verhängen und das Rechtsmittel Widerspruch bearbeiten, die Befähigung zum Richteramt haben und unabhängig von jeder Weisung sein. Diese zwingenden Voraussetzungen werden aber im Rechtskreis des SGB II nicht einmal im Ansatz erfüllt, von einem fairen Verfahren kann also

....
[2]   http://dejure.org/gesetze/MRK/6.html

nicht die Rede sein. Bis hierin ist ein klarer Verstoß gegen den Art. 6 EMRK zu konstatieren.

1.1.1.2. Einschränkung der Prozesskostenhilfe untergräbt das Recht auf ein faires Verfahren

Erst mit Beschreiten des Klageweges vor einem ordentlichen Gericht, wird die o.g. Tribunalqualität erfüllt. Dazu bedarf es aber der Möglichkeiten des potenziellen Klägers, diesen Weg zu bestreiten. Mit der geplanten Einschränkung der Prozesskostenhilfe insbesondere für wirtschaftlich geschwächte Hartz IV- Empfänger wird der Klageweg vor einem ordentlichen Gericht eindeutig verbaut. Es entspricht dem politischen Willen der Bundesregierung, den prekarisierten Massen jegliche Judikatur zu verweigern. Ein klarer Verstoß gegen anerkanntes Völkerrecht, ein ungeheurer Akt der Willkür, der eindeutig strafbewehrt ist und bestraft werden muss. Die Festlegung von Sanktionsquoten belegt den politischen Vorsatz und sollte sich deutlich strafverschärfend auswirken!

2. Die BRD bricht Völkerrecht im Stile eines notorischen Mehrfachtäters

Nach der Veröffentlichung des ersten Teils dieser Serie erreichte mich der freundliche Hinweis einer promovierten Juristin, den ich an dieser Stelle gerne aufgreife[3]:

Wir müssen in der Diskussion um die völkerrechtliche Bewertung des Hartz-Systems der Tatsache Rechnung tragen, dass die bereits im Jahre 1948 durch die Vereinten Nationen (UN) verkündete „Allgemeine Erklärung der Menschenrechte" 1976 durch 171 Staaten ratifiziert wurde, auch durch die Bundesrepublik Deutschland.[4] Mithin sind diese Rechte bereits seit nunmehr 37 Jahren international anerkannt und haben auch für die BRD einen völkerrechtlich verbindlichen Status erlangt. Nach den jahrelangen, untauglichen Versuchen eine Europäische Verfassung zu verabschieden, sind dann die in o.g. UN-Erklärung fixierten Rechte in die im Jahre 2000 proklamierte „Charta der Grundrechte der Europäischen Union (EMRK)" eingeflossen, die mit dem Vertrag von Lissabon 2009 auch für die BRD verbindlich wurden. Wir müssen also konstatieren, dass die Bundesrepublik Deutschland bereits seit Jahrzehnten anerkanntes und verbindliches Völkerrecht bricht, geradezu im Stile eines notorischen Mehrfachtäters!

....

[3] Der Hinweis erreichte mich aus Österreich! Ich danke an dieser Stelle
     nochmals für die wertvolle Zuarbeit

[4] http://www.unric.org/html/german/menschenrechte/UDHR_dt.pdf

2.1. Artikel 3: Verbot unmenschlicher und erniedrigender Behandlung

Art. 3 der „Charta der Grundrechte der Europäischen Union (EMRK)" verbietet Folter und unmenschliche oder erniedrigende Behandlung bzw. Strafe. Dieser Artikel ist die einzige Bestimmung der EMRK, die keinerlei Einschränkungen unterliegt. Selbst im Fall von Ausnahmesituationen wie dem Kampf gegen Terrorismus und im Falle von Entführungen, verbietet die EMRK Folter und unmenschliche Behandlung, eine Abweichung nach Art. 15 EMRK ist im Falle von Art. 3 nicht möglich. Das Folterverbot gilt damit absolut, jeder Eingriff stellt damit eine Verletzung dar.[5]

2.1.2. Hartz IV ist die Ausgeburt der Unmenschlichkeit und Erniedrigung

Dem gegenüber zielt das SGB II (Hartz IV) jedoch bereits in seinen Grundzügen auf eine unmenschliche und erniedrigende Behandlung der Leistungsberechtigten ab. Das beginnt bei der erzwungenen Offenlegung sämtlicher persönlicher Verhältnisse, gleitet über die Aufhebung des Bankgeheimnisses[6] zielstrebig zur Entmündigung der Betroffenen[7]. Den tatsächlichen und millionenfachen Zwang zur Sklavenarbeit (neudeutsch auch „Leiharbeit")

....

[5] Prof. Dr. Dr. Rainer Hofmann in:
http://www.jura.uni-frankfurt.de/43680503/_-11-Menschenrechtsschutz.
pdf

[6] Die Jobcenter haben das Recht, die Kontobewegungen bei den Banken abzufragen.

[7] Leistungsberechtigte werden gezwungen, jede „zumutbare" Arbeit anzunehmen, auch wenn diese nicht ihren Qualifikationen und Lebensplanungen entspricht. Des Weiteren besteht über die sog. Residenzpflicht faktisch eine unzulässige Einschränkung der Bewegungsfreiheit.

66

dürfen wir getrost als weiterer Schritt zur unmenschlichen und erniedrigenden Behandlung bewerten. Das alles gipfelt schließlich in der Sanktionspraxis im Rechtskreis des SGB II, wenn Menschen in den Hunger, in die Obdachlosigkeit, in lebensbedrohliche Krankheitsverläufe bis hin in den Tod getrieben werden.[8]

2.2.2. Von Staats wegen: Vorsätzlicher Bruch der Völker- und Menschenrechte

Notorisch, vorsätzlich, bar jeder Menschlichkeit bricht die BRD von Staats wegen also Völker- und Menschenrechte. Dabei hat sich auch Deutschland internationalem Recht verpflichtet: „Die Staaten sind verpflichtet, Individuen vor Folter und unmenschlicher Behandlung zu schützen, im Falle einer hinreichend konkreten Gefahr der Verletzung des Folterverbotes muss der jeweilige Staat aufgrund seiner Gewährleistungspflicht aus der EMRK entsprechende Maßnahmen zur Verhinderung von Folter ergreifen. Staatliches Eingreifen ist sowohl bei einer Gefährdung durch staatliche als auch durch nichtstaatliche Akteure gefordert. Die Schutzpflicht wird immer dann relevant, wenn das physische Wohlbefinden und die körperliche Integrität einer Person von staatlichen Maßnahmen abhängen, unabhängig davon, ob die Gefährdung staatlich verursacht ist oder durch Private erfolgt. Neben der reinen Schutzpflicht erwächst auch aus Art. 3 EMRK eine Untersuchungs- und Ermittlungspflicht des Staates. Bei Bestehen eines konkreten Verdachtes der Folter oder unmenschlicher Behandlung von Seiten des Staates oder durch Private ist der Mitgliedstaat verpflichtet, hinreichend effektive Ermittlungen einzuleiten und einen entsprechenden

....

[8]   Im Falle einer Totalsanktion nach §§ 31, 32 SGB II werden keine
        Beiträge an die Krankenkassen entrichtet, der Versicherungsschutz wird
        demnach aufgehoben und eine medizinische Versorgung der Erniedrigten
        ausgeschlossen.

organisatorischen Rahmen zu schaffen, der unabhängige und schnelle Untersuchungen der Vorfälle ermöglicht."[9]

Papier mag ja geduldig sein, erniedrigte und geknechtete Völker aber wohl nicht – jedenfalls nicht auf Dauer!

3.   Hartz IV verletzt das Diskriminierungsverbot

Die Europäische Menschenrechtskonvention (EMRK) enthält in Art. 14 ein Diskriminierungsverbot. Danach ist es verboten, Menschen wegen des Geschlechts, der Rasse, der Hautfarbe, der Sprache, der Religion, der politischen oder sonstigen Anschauung, der nationalen oder sozialen Herkunft, der Zugehörigkeit zu einer nationalen Minderheit, des Vermögens, der Geburt oder eines sonstigen Status die Rechte und Freiheiten der Konvention vorzuenthalten oder einzuschränken.

Mit dem Amsterdamer Vertrag[10] wurde der Art. 13 EGV (jetzt: Art. 19 AEUV) ergänzt, der den gemeinsamen Willen ausdrückt, Diskriminierung aufgrund anderer Faktoren (Geschlecht, Rasse, ethnische Herkunft, Religion oder Weltanschauung, Behinderung, Alter oder sexuelle Ausrichtung) zu bekämpfen, also nicht nur Rahmenbedingungen zu schaffen, sondern aktiv dagegen vorzugehen. Der Europäische Gerichtshof (EuGH) hat entschieden, dass sich der Schutz der Richtlinie 2000/78 vor Diskriminierung und Belästigung wegen einer Behinderung nicht nur auf Menschen beschränkt, die selbst eine Behinderung haben.

....
[9]   Prof. Dr. Dr. Rainer Hofmann, a.a.O.

[10]   http://de.wikipedia.org/wiki/Amsterdamer_Vertrag

3.1. Europarechtliche Vorgaben

Die Europäische Menschenrechtskonvention enthält in Art. 14 ein Diskriminierungsverbot. Danach ist es verboten, Menschen wegen des Geschlechts, der Rasse, der Hautfarbe, der Sprache, der Religion, der politischen oder sonstigen Anschauung, der nationalen oder sozialen Herkunft, der Zugehörigkeit zu einer nationalen Minderheit, des **Vermögens**, der Geburt oder eines sonstigen Status die Rechte und Freiheiten der Konvention vorzuenthalten oder einzuschränken.

Um den Schutz vor Diskriminierungen effektiv zu gestalten, gebieten die Richtlinien, bei Verstößen wirksame Sanktionen vorzusehen. Auch soll ein effektiver Rechtsschutz gegen Diskriminierungen vorgesehen werden, der etwa Beweiserleichterungen für denjenigen erfordern kann, der sich in verbotener Weise diskriminiert sieht.[11]

3.2. EU-Grundrechtecharta

In der Grundrechtecharta[12] gibt es neben dem allgemeinen Gleichheitsgebot des Artikels 20, der die Gleichheit vor dem Gesetz garantiert, spezifische Diskriminierungsverbote in Artikel 21 und 23. Artikel 21 enthält ein umfassendes Verbot der Diskriminierung insbesondere wegen des Geschlechts, der Rasse, der Hautfarbe, der ethnischen oder sozialen Herkunft, der genetischen Merkmale, der Sprache, der Religion oder der Weltanschauung, der politischen oder sonstigen Anschauung, der Zugehörigkeit zu

....

[11]   Vertrag über die Arbeitsweise der Europäischen Union; siehe auch: http://de.wikipedia.org/wiki/AEUV

[12]   Siehe auch: http://de.wikipedia.org/wiki/ Charta_der_Grundrechte_der_Europ%C3%A4ischen_Union

einer nationalen Minderheit, des Vermögens, der Geburt, einer Behinderung, des Alters oder der sexuellen Ausrichtung. Art. 23 verbürgt die Gleichheit von Männern und Frauen und begründet zugleich ein Förderungsrecht für das jeweils „unterrepräsentierte Geschlecht".

3.3. Ausweitung des Antidiskriminierungsgebots

Die EU-Kommission hat sich entschlossen, Diskriminierung über den Arbeitsmarkt hinaus auch im Bereich der Zurverfügungstellung von Gütern und Dienstleistungen auszuweiten.

Im Juli 2008 unterbreitete die Europäische Kommission einen Entwurf für eine „Richtlinie des Rates zur Anwendung des Grundsatzes der Gleichbehandlung ungeachtet der Religion oder der Weltanschauung, einer Behinderung, des Alters oder der sexuellen Ausrichtung" vor, der basierend auf den Richtlinien 2000/43/EG, 2000/78/EG und 2004/113/EG – insbesondere als Ergänzung der diesbezüglichen Rechtsvorschriften im Bereich Beschäftigung – einen Schutz vor Diskriminierung in den Bereichen Gesundheitsversorgung, Bildung, Sozialversicherung und Wohnungswesen bieten soll. Er würde den Diskriminierungsschutz für die darin angeführten Gründe jenem Niveau angleichen, das mit der Antirassismus-Richtlinie 43/2000 für das Merkmal ethnische Herkunft festgelegt wurde.

3.4. Diskriminierungsverbot der Bundesrepublik Deutschland

Das Diskriminierungsverbot beschreibt das in Deutschland mehrfach gesetzlich geregelte Verbot, gegenüber anderen Personen oder Einrichtungen, ein diese benachteiligendes Verhalten auszuüben, ohne dass dafür ein sachlicher Grund vorliegt. Im bundesdeutschen Recht werden (soziale) Diskriminierung,

Ungleichbehandlung und Differenzierung zum Teil synonym gebraucht.

Im Kern wird dieses Gebot aus Art. 3 des Grundgesetzes abgeleitet und gilt für Staatshandeln.[13] Ausgehend davon ist zwar jede staatliche Diskriminierung verboten, sofern Abwehrrechte betroffen sind, nicht aber jede private. Das Bundesarbeitsgericht hatte in seiner Rechtsprechung schon seit jeher die Grundrechtsnormen im Verhältnis Arbeitgeber-Arbeitnehmer unmittelbar angewandt.

Im Verlauf der Entwicklung der Bundesrepublik Deutschland wurde das Diskriminierungsverbot einfachgesetzlich aufgrund des Rufens der Frauenbewegung und der EU-Verträge immer mehr auf das Verhältnis zwischen Privaten ausgeweitet und in verschiedenen Rechtsgebieten konkretisiert. Jüngstes Beispiel dafür ist das Allgemeine Gleichbehandlungsgesetz (AGG), nach dem ein Arbeitgeber einzelne Arbeitnehmer bei jeglichen Entscheidungen (Kündigungen, Weisungen, beruflicher Aufstieg) nicht aufgrund ihres Geschlechts benachteiligen darf. Das AGG wurde als Umsetzung der europarechtlichen Vorgaben eingeführt. Es soll ungerechtfertigte Benachteiligungen aus Gründen der „Rasse", der ethnischen Herkunft, des Geschlechts, der Religion, Weltanschauung, von Behinderung, des Alters oder der sexuellen Identität verhindern und beseitigen.

[13] Siehe auch: http://de.wikipedia.org/wiki/
       Grundgesetz_f%C3%BCr_die_Bundesrepublik_Deutschland

3.5. Hartz IV ist die Anleitung zur systematischen Diskriminierung

Dagegen liest sich die Praxis des Hartz-Systems wie eine Anleitung zur Diskriminierung. Die unmittelbar Betroffenen werden in vielfacher Weise ihrer verbrieften Rechte beraubt[14], die nachfolgende stichwortartige Aufzählung der Verstöße gegen das Diskriminierungsverbot kann ob des Ausmaßes des etablierten Rechtsbruchs nicht einmal den Anspruch auf Vollständigkeit erheben[15]:

- Menschliche Würde wird ihnen nicht zugestanden, trotz des hehren Versprechens des Grundgesetzes, dessen grundlegendes und unveräußerliches Axiom auf dem Papier doch immer noch lautet: Die Würde des Menschen ist unantastbar!

- Sie werden vom grundgesetzlich und mit Ewigkeitsgarantie versehenem Prinzip der Sozialstaatlichkeit ausgeschlossen.

- Der besondere Schutz von Ehe und Familie wird ihnen vorenthalten, mit ständig drohenden Sanktionen dräut ihnen sogar die Sippenhaft.

- Das Recht auf Leben und auf körperliche wie seelische Unversehrtheit wird ihnen abgestritten.

....

[14] Ich habe bereits an anderer Stelle darauf hingewiesen, dass dem Grunde nach alles Bürgerinnen und Bürger von dem Hartz-System betroffen sind. Vgl. hierzu auch: http://norbertwiersbin.de/was-gesagt-werden-muss-interview-mit-stern-tv/

[15] Wer oder was sollte meine verehrte Leserschaft davon abhalten, diese Aufzählung solange fortzusetzen, bis das gesammelte Unrecht bis zum letzten Jota dokumentiert wird!?

- Ihnen wird das Recht auf freie Berufswahl und damit auch das Recht auf eine freie Lebensgestaltung genommen.

- Ihnen wird das Recht auf die freie Wahl des Wohnortes und des Lebensmittelpunktes genommen.

- Mit der sog. Präsenzpflicht wird ihre Bewegungsfreiheit auf ein Minimum beschränkt.

- Sie werden des Rechts auf Teilhabe am gesellschaftlichen und kulturellen Leben beraubt.

- Das Bankgeheimnis wird ihnen vorenthalten.

- In der Summe werden die Vermaledeiten nicht nur aus der Mitte der Gesellschaft ausgegrenzt und stigmatisiert, ihnen wird auch jede Lebensperspektive genommen.

Dabei werden doch im Grundgesetz der Bundesrepublik Deutschland in dem Abschnitt „Der Bund und die Länder" die wichtigsten Staatsprinzipien benannt: Demokratie, Sozialstaat und die Gesetzmäßigkeit der Staatsorgane sowie der Rechtsstaat. Nie zu vergessen: Die in Artikel 1 (Menschenwürde) und Artikel 20 festgelegten Grundsätze, also der Kern staatlicher Grundordnung und der Grundrechte, dürfen in ihrem Wesensgehalt durch die verfassungsändernde Gewalt nicht geändert werden (Art. 79 Abs. 3; sog. Ewigkeitsklausel)!

Noch immer ist das Papier geduldig – wie lange will das Volk noch ruhig bleiben!?

4. Hartz IV verletzt das Verbot von Sklaverei und Zwangsarbeit

Auch wenn sich deutsche Gerichte bislang beharrlich weigern, die Pflicht zur Aufnahme jeder „zumutbaren Arbeit" und die damit verbundene massenhafte Rekrutierung von Erwerbslosen in prekäre Beschäftigungsformen als unzulässig zu werten, stehen doch höhere Rechte wie das Völkerrecht, die Menschenrechte und das Grundgesetz eindeutig dagegen.

4.1. Jede Arbeit grundsätzlich zumutbar?

Zu dieser Frage bezieht das Bundesministerium für Arbeit und Soziales auf seiner „Informationsplattform SGB II – Jobcenter" eindeutig Stellung: „Arbeit ist grundsätzlich zumutbar, wenn der Hilfebedürftige dazu geistig, seelisch und körperlich in der Lage ist. Niemand darf einen Job ablehnen, weil er nicht der Ausbildung entspricht, der Arbeitsort weiter entfernt ist als der frühere oder weil die Bedingungen subjektiv ungünstig scheinen. Auch eine Entlohnung unterhalb des Tariflohns oder des ortsüblichen Entgelts ist nicht von vornherein Grund zur Ablehnung. Nicht zumutbar sind aber Arbeiten, die gegen die guten Sitten verstoßen, z. B. weil die Bezahlung mehr als 30 Prozent unter dem ortsüblichen Entgelt liegt. Nicht zumutbar sind auch Tätigkeiten, die die Rückkehr in den früher ausgeübten Beruf erschweren, die Pflege eines Angehörigen behindern oder die Erziehung eines Kindes gefährden. Nicht gefährdet ist die Erziehung von Kindern ab drei Jahren, die in einer Tageseinrichtung oder auf sonstige Weise betreut werden."[16]

Selbstredend stellt dieser Zwang zur Aufnahme „zumutbarer Arbeit" schon nach dem Geiste des Gesetzes einen massiven

....

[16]   http://www.sgb2.info/seite/zumutbare-arbeit

Eingriff in die Persönlichkeitsrechte der Leistungsberechtigten dar. Ihnen wird nicht nur das Recht auf eine freie Lebensplanung genommen, sondern auch das Recht der freien Berufswahl und das Anrecht auf eine angemessene Entlohnung. Insbesondere das Diktat zu prekärer Beschäftigung – das sich bei Weigerung in der „Bestrafung", also dem Entzug jeglicher Existenzgrundlage durch angedrohte und tatsächlich verfügte Sanktionen manifestiert – kommt der Heranziehung zur Sklaverei und Zwangsarbeit gleich.[17]

4.2. Eindeutiges Verbot der Zwangs- und Pflichtarbeit

Als Zwangsarbeit wird eine Arbeit bezeichnet, zu der ein Mensch unter Androhung einer Strafe oder eines sonstigen empfindlichen Übels gegen seinen Willen gezwungen wird. Sie ist – mit verschwimmenden Übergängen – die schärfste Form der Arbeitspflicht.[18]

Die Internationale Arbeitsorganisation (ILO)[19] definierte 1930 in Art. 2 Abs. 1 des Übereinkommens über Zwangs- und Pflichtarbeit die Zwangsarbeit als unfreiwillige Arbeit oder Dienstleistung, die unter Androhung einer Strafe ausgeübt wird. Nicht dazu gehören laut Abs. 2 des Übereinkommens: Militärdienst, übliche Bürgerpflichten, Arbeit im Strafvollzug, notwendige Arbeit in Fällen höherer Gewalt und Arbeit, die dem un-

....

[17]   Gesetzliche Grundlagen sind die §§ 31, 32 SGB II

[18]   http://de.wikipedia.org/wiki/Zwangsarbeit#cite_note-2

[19]   Die Internationale Arbeitsorganisation (ILO) ist eine Sonderorganisation der Vereinten Nationen mit Hauptsitz in Genf. Siehe auch: http://www.ilo.org/berlin/lang--de/index.htm

mittelbaren Wohl der Gemeinschaft dient.[20] Die ILO verbietet den Einsatz von Zwangsarbeit

- als Methode der Rekrutierung und Verwendung von Arbeitskräften für Zwecke der wirtschaftlichen Entwicklung;
- als Maßnahme der Arbeitsdisziplin;
- als Maßnahme rassischer, sozialer, nationaler oder religiöser Diskriminierung.

Über 90% der Vermittlungen durch die Jobcenter münden in prekärer Beschäftigung (Leiharbeit, Minijobs u.Ä.) oder gar in Zwangsmaßnahmen wie Bewerbungstrainings oder sogenannten Arbeitsgelegenheiten. Keiner der Zwangsverpflichteten nimmt derartige Arbeiten freiwillig auf, allenfalls sind es die blanke Not und die schiere Panik vor o.g. Bestrafungen, die die Menschen dazu treibt!

4.3. Bundesregierung: Weiter so, trotz Rüge der Vereinten Nationen

Eine klare Rüge, verbunden mit einer eindeutigen Aufforderung zur Einhaltung der Völker- und der Menschenrechte handelte sich deshalb die Bundesregierung bereits im Mai 2011 durch den „Ausschuss für soziale, wirtschaftliche und kulturelle Rechte bei den Vereinten Nationen (UN)" ein. In dessen Protokoll der 46. Sitzung heißt es wörtlich: „Der Ausschuss stellt mit Besorgnis fest, dass Regelungen im Rahmen der Arbeitslosen- und Sozialhilfe des Vertragsstaates (der BRD, n.w.) – einschließlich der Verpflichtung für Empfänger von Arbeitslosengeld, „jede zumutbare Arbeit" anzunehmen, was in der Praxis fast als

....

[20] http://www.ilo.org/dyn/normlex/en/f?p=NORMLEXPUB:12100:0::NO:
12100:P12100_INSTRUMENT_ID:312174:NO

jede Arbeit interpretiert werden kann – sowie der Einsatz von Langzeitarbeitslosen zu unbezahlter gemeinnütziger Arbeit, zu Vertragsverletzungen in Art. 6 und 7 führen könnten. (Art. 6, 7 und 9[21])"[22]Und weiter heißt es dort: „Der Ausschuss fordert den Vertragsstaat dazu auf, sicherzustellen, dass seine Systeme zur Arbeitslosenhilfe die Rechte des Individuums zur freien Annahme einer Beschäftigung seiner oder ihrer Wahl ebnen."[23]

4.4. Nie wieder?

Einmal mehr wird mit dem SGB II also höheres Recht gebrochen, vorsätzlich und gezielt durch nationale Normierungen erzwungen, die nach internationalem (höherem!) Recht keine Gesetze sein dürfen. So verbietet schon die „Allgemeine Erklärung der Menschenrechte" aus dem Jahre 1947 im Artikel 4 die Sklaverei und Leibeigenschaft.[24] Auch die Europäische Menschenrechtskonvention verbietet Sklavenarbeit und Leibeigenschaft und untersagt jede Zwangs- und Pflichtarbeit.[25]

Aber selbst nationales Recht ist das Papier nicht wert, auf dem es steht. Auch das Grundgesetz der Bundesrepublik Deutschland (GG) garantiert die uneingeschränkte Berufsfreiheit und verbietet

....

[21]   Internationaler Pakt über wirtschaftliche, soziale und kulturelle Rechte vom 19. Dezember 1966; vgl. hierzu: http://www.sanktionsmoratorium. de/pdfs/KurzINFO_Juli_2011_Nr%207%20AUSZ%C3%9CGE.pdf

[22]   ebenda

[23]   ebenda

[24]   Vgl.: http://www.unric.org/html/german/menschenrechte/UDHR_dt.pdf

[25]   Vgl.: http://de.wikipedia.org/wiki/ Charta_der_Grundrechte_der_Europ%C3%A4ischen_Union

jede Form der Zwangsarbeit.[26] Warum es schon wieder deutsche Gerichte sind, die trotz der leidvollen Erfahrungen mit der Nazi-Diktatur beharrlich das Völkerrecht ignorieren, erschließt sich wohl allein der Logik der „rechtsprechenden" Richterinnen und Richter.

5. Während die Mühlen langsam mahlen...

In der Diskussion um die Sanktionspraxis im SGB II halten mir zahlreiche Juristen gebetsmühlen-artig[27] entgegen, dass diese wohl rechtens sei, schließlich habe das Bundesverfassungsgericht (BVerfG) hierzu noch kein Urteil gesprochen. Als juristischer Laie erschließt sich mir diese spezifische Logik nicht – trotz andauernder und ernsthafter Bemühungen.

Wie dem auch sei sollten alle Verfechter des Sozialstaates keine Möglichkeit auslassen, den fortlaufenden und systematischen Rechtsbruch, verübt im Regierungsauftrag, vor ein Tribunal zu bringen und auf die Vereinbarkeit mit geltendem Recht überprüfen zu lassen. Dabei kommt es darauf an, alle Energien und Ressourcen auf einen Erfolg versprechenden Weg zu konzentrieren, einen Weg, der ein möglichst zeitiges Ergebnis ermöglicht. Meines Erachtens sollte die politische „Elite" (oder die, die sich dafür hält) noch vor der Bundestagswahl am 22.09.2013 unter erheblichen Druck gesetzt und zu einer Kurskorrektur ermuntert werden. Betrachten wir dazu zunächst

....

[26] Art. 12 GG: (1) Alle Deutschen haben das Recht, Beruf, Arbeitsplatz und Ausbildungsstätte frei zu wählen. Die Berufsausübung kann durch Gesetz oder aufgrund eines Gesetzes geregelt werden. (2) Niemand darf zu einer bestimmten Arbeit gezwungen werden, außer im Rahmen einer herkömmlichen allgemeinen, für alle gleichen öffentlichen Dienstleistungspflicht. Vgl.: http://www.bundestag.de/bundestag/aufgaben/rechtsgrundlagen/grundgesetz/index.html

[27] Das ist jetzt ausdrücklich kein Verschreiber!

einmal die denkbaren Klagewege und die Verfahren, die jeweils zwingend vorgeschrieben sind.

5.1. Rechtsmittel gegen einen Verwaltungsakt

Der übliche und bekannteste Weg Rechtsmittel gegen einen streitigen Verwaltungsakt einzulegen, ist zunächst der formale Widerspruch.[28] Dieser Widerspruch wird sodann durch eine sog. Widerspruchsstelle bearbeitet, wir hören zunehmend davon, dass diese in Personalunion mit den Bescheidern besetzt sind. So wird der Bock zum Gärtner gemacht, was davon aus Sicht der Judikative zu halten ist, habe ich bereits im ersten Teil dieser Serie ausgeführt. Wird dem Widerspruch nicht abbeholfen (Amtsdeutsch für abgelehnt), ist der Klageweg vor einem ordentlichen Gericht eröffnet. Achtung: Für Streitigkeiten im SGB II hat ein Widerspruch keine aufschiebende Wirkung, das heißt, er setzt den Bescheid nicht bis zur (gerichtlichen) Klärung aus!

5.1.1. Lassen Sie sich engagiert und kompetent vertreten!

Ab jetzt ist die Vertretung durch einen engagierten und kompetenten Fachanwalt für Sozialrecht und/oder Verwaltungsrecht dringend zu empfehlen. Die Kolleginnen und Kollegen der

....

[28] Einen Widerspruch kann jeder Betroffene auch ohne anwaltliche Unterstützung einlegen. Dazu reicht ein formloses Schreiben an die bescheidende Behörde, es empfiehlt sich eine Begründung, die sich ausschließlich (!) auf den erkannten Rechtsverstoß konzentriert. Ganz wichtig ist es dabei, die Frist zu wahren, diese muss sich aus dem Bescheid ergeben. Nur mit dem Verweis darauf, ist ein Bescheid rechtskräftig, anderenfalls greift er per se nicht. Zur Fristwahrung reicht auch ein rechtzeitiges Schreiben „Ich erhebe Widerspruch gegen den Bescheid vom...AZ: XY", die Begründung sollte dann aber zeitnah nachgereicht werden. Vgl. hierzu: http://de.wikipedia.org/wiki/Widerspruch_(Recht)

juristischen Fakultät mögen es mir nachsehen, dass Erfahrungen aus dem Verkehrs- oder auch Ordnungswidrigkeitenrecht für die nun anstehenden Verfahren nur selten ausreichen.

5.2. Die Sozialgerichtsbarkeit

Die Sozialgerichtsbarkeit ist die in Angelegenheiten des Sozialrechts tätig werdende Gerichtsbarkeit. Die Sozialgerichtsbarkeit ist dreistufig aufgebaut. Die erste Instanz ist grundsätzlich das Sozialgericht (SG), Berufungs- und Beschwerdeinstanz das Landessozialgericht (LSG) in den jeweiligen Bundesländern und Revisionssowie Rechtsbeschwerdeinstanz das Bundessozialgericht (BSG) mit Sitz in Kassel. Die Sozialgerichtsbarkeit ist von der Arbeitsgerichtsbarkeit und der Verwaltungsgerichtsbarkeit abzugrenzen. Die Abgrenzung erfolgt nach dem Rahmen der Zuständigkeit. Derzeit bestehen 68 Sozial-, 14 Landessozial- und ein Bundessozialgericht. (…)

Das Verfahren vor den Gerichten der Sozialgerichtsbarkeit ist geprägt vom Amtsermittlungsgrundsatz (§ 103, § 106 SGG). Das Gericht hat den Sachverhalt, jedenfalls soweit er streitig ist, von Amts wegen zu erforschen. In der ersten Instanz schließt sich an die Klageerhebung in der Regel ein schriftliches Verfahren an, innerhalb dessen die vorbereitenden Ermittlungen stattfinden (Einholung von Gutachten, gelegentlich auch schon Zeugenvernehmungen). In diesem Verfahrensstadium wirken die ehrenamtlichen Richter nicht mit. Die Ermittlungen sollen so weit vorangetrieben werden, dass der Rechtsstreit in einer einzigen mündlichen Verhandlung erledigt werden kann. Die mündliche Verhandlung stellt den Regelfall dar; daneben kann der Rechtsstreit unter bestimmten Voraussetzungen aber auch durch schriftliche Entscheidungen oder Gerichtsbescheide ohne vorherige mündliche Verhandlung beendet werden. Abweichend zum Zivilprozess ist in der Sozialgerichtsbarkeit auch nicht der

Grundsatz der formellen Wahrheit, sondern derjenige der materiellen Wahrheit verfahrensgestaltend. Jedoch existiert auch im sozialgerichtlichen Verfahren die objektive Beweislast. Weiterer Verfahrensgrundsatz der Sozialgerichtsbarkeit ist derjenige der Klägerfreundlichkeit. Neben grundsätzlicher Kostenfreiheit besteht beispielsweise kein Vertretungszwang. Bis zur Neufassung des § 92 SGG am 1. April 2008[8]war auch, wiederum gegensätzlich zum Zivilprozess und auch zum Verwaltungsprozess, es nicht erforderlich einen bestimmten Antrag zu stellen (...).

Als Rechtsmittel stehen Berufung und Revision zur Verfügung. Als Berufungsgericht fungieren die Landessozialgerichte, als Revisionsgericht das Bundessozialgericht."[29]

5.3. Die Verwaltungsgerichtsbarkeit

Die Verwaltungsgerichtsbarkeit ist der Zweig der deutschen Gerichtsbarkeit, der der gerichtlichen Kontrolle des Verwaltungshandelns dient. Die auf der Grundlage von Art. 95 des Grundgesetzes eingerichteten Verwaltungsgerichte gewährleisten in ihrem Zuständigkeitsbereich die von Art. 19 Abs. 4 GG verlangte Überprüfbarkeit sämtlicher öffentlicher Akten. In erster Instanz sind in der Regel die Verwaltungsgerichte zuständig (§ 45 VwGO). In den meisten Ländern ist je Regierungsbezirk ein Verwaltungsgericht eingerichtet. Da im 17. Jahrhundert die Verwaltungsgerichte nicht mit unabhängigen Richtern, sondern mit Beamten besetzt waren, hat sich die historische Bezeichnung außerordentliche Gerichtsbarkeit erhalten. Diese Unterscheidung hat jedoch keine Bedeutung mehr, da Art. 92, Art. 97 GG jede Rechtsprechung persönlich und sachlich unabhängigen Richtern zuweist. (...)

(Auch) die Verwaltungsgerichtsbarkeit ist dreistufig aufgebaut. Für die meisten verwaltungsgerichtlichen Verfahren ist als erste

....

[29] http://de.wikipedia.org/wiki/Sozialgerichtsbarkeit

Instanz das Verwaltungsgericht zuständig. Berufungs- und Beschwerdeinstanz der Verwaltungsgerichte sind die Oberverwaltungsgerichte (OVG) bzw. Verwaltungsgerichtshöfe (VGH) der Bundesländer. Jedes Bundesland hat mittlerweile ein OVG oder einen VGH, das oder der – außer in Bayern, Sachsen-Anhalt und den Stadtstaaten – seinen Sitz nicht in der Landeshauptstadt hat, um die Unabhängigkeit von der Verwaltung auch räumlich zu verdeutlichen (Zur Liste der Sitze vgl. Oberverwaltungsgericht). Schleswig-Holstein etwa hat erst 1991 ein eigenes OVG eingerichtet; bis dahin war das OVG Lüneburg in Niedersachsen gem. § 3 Abs. 2 VwGO auch für das Land Schleswig-Holstein zuständig.

Die Oberverwaltungsgerichte sind bei Normenkontrollen von Satzungen, landesrechtlichen Vereinsverboten und Genehmigungen von technischen oder verkehrlichen Großprojekten erste Instanz (§ 47 VwGO).

Revisions- und Rechtsbeschwerdeinstanz ist das Bundesverwaltungsgericht mit Sitz in Leipzig. Auch das Bundesverwaltungsgericht kann bei Streitigkeiten der Versicherungsaufsicht und übrigen nichtverfassungsrechtlichen Streitigkeiten zwischen Bund und Ländern erste Instanz sein.[30]

5.4. Die Verfassungsgerichtsbarkeit

Die Verfassungsgerichtsbarkeit prüft die Vereinbarkeit oder Verfassungsmäßigkeit von Hoheitsakten, insbesondere Gesetzen, mit der jeweiligen Verfassung. Sie hat dabei die Möglichkeit, solche Akte als verfassungswidrig zu erklären. Die Folgen einer solchen Erklärung sind vom jeweiligen Rechtskreis abhängig. (…) Die Rechtsfolgen der Feststellung der Verfassungswidrigkeit eines Rechtsakts sind ebenfalls von Land zu Land unterschiedlich.

....

[30] http://de.wikipedia.org/wiki/Verwaltungsgerichtsbarkeit_(Deutschland)

Die Wirkung der Feststellung der Verfassungswidrigkeit tritt teils von Rechts wegen ein, ohne dass es einer besonderen Anordnung des Verfassungsgerichts bedarf. In einigen Staaten ist das Gesetz ab dem Zeitpunkt des verfassungsgerichtlichen Urteils unwirksam, d. h. Gerichte und Verwaltung dürfen das Gesetz nicht mehr anwenden und der Gesetzgeber wird innerhalb einer Frist zur Neuregelung verpflichtet (Spanien). In den meisten Staaten wird das Gesetz dann rückwirkend für nichtig befunden, d. h. auch bereits ergangene, auf ihm beruhende Entscheidungen, z. B. von Strafgerichten, werden aufgehoben (Italien, Griechenland, USA).

Manche Verfassungsgerichte können die Rechtsfolge selbst festlegen (Belgien, Deutschland, Portugal); in diesen Fällen kann das Verfassungsgericht die Unwirksamkeit ab dem Zeitpunkt des Urteils oder die rückwirkende Nichtigkeit anordnen, aber auch die gegenüber der Nichtigkeit des Gesetzes mildere Rechtsfolge, dass der Gesetzgeber zur Neuregelung verpflichtet wird, das Gesetz aber bis dahin weiter angewendet werden darf (sog. Appellentscheidung). (...) Nur in einem Teil der Länder können von einem Gesetz unmittelbar Betroffene direkt Verfassungsbeschwerde erheben (Belgien, Deutschland, Lettland, Österreich, Polen, Portugal, Slowenien, Spanien, Tschechien und Ungarn). In anderen Ländern ist die Verfassungsbeschwerde nur gegen Gerichtsurteile möglich; es muss dann erst Rechtsschutz vor den allgemeinen Gerichten gesucht werden (Dänemark, Estland, Finnland, Griechenland, Italien, Irland, Litauen, Niederlande, Norwegen, Schweiz, Schweden, USA).

Während in Deutschland und anderen Ländern grundsätzlich beide Wege (Verfassungsbeschwerde unmittelbar gegen ein Gesetz oder Verfassungsbeschwerde gegen Urteil) möglich sind, ist in Österreich die Überprüfung der Verfassungsmäßigkeit von Urteilen nicht möglich; das Verfassungsgericht entscheidet also nur über Rechtsakte der anderen Gewalten, nicht über Akte der

Judikative. In wenigen Fällen können alle Bürger auch ohne eigene Betroffenheit Verfassungsbeschwerde gegen ein Gesetz einlegen (Slowenien, Ungarn, in Deutschland nur in Bayern); man spricht hier von einer verfassungsgerichtlichen Popularklage.[31]

5.5. Tag ein Tag aus wird millionenfach gelitten, gehungert und zunehmend auch gestorben!

Die hier aufgezeigten Möglichkeiten, das SGB II höchstrichterlich überprüfen zu lassen, sind allesamt mit großem zeitlichem, aber auch finanziellem Aufwand verbunden. Alle Erfahrungen zeigen, dass wir von Zeitläufen von mindestens fünf Jahren ausgehen müssen. Bis dahin wird jedoch Tag ein Tag aus millionenfach gelitten, gehungert und zunehmend auch gestorben. Bislang ist es noch in keinem Verfahren gelungen, eine Entscheidung vor dem Bundesverfassungsgericht zu erzwingen. Wir müssen uns auf die Suche nach kürzeren und effektiveren Wegen machen, um dem Unrecht Einhalt zu gebieten!

In Teil 6 der Serie „Hartz IV verstößt gegen internationales und nationales Recht" werden weitere Möglichkeiten vor den nationalen Gerichten sowie die Klagewege vor internationalen Tribunalen aufgezeigt.

6. Weitere Klagemöglichkeiten

Im vorangegangenen Kapitel haben wir die Möglichkeiten einer Individualklage vor der deutschen Gerichtsbarkeit erörtert. Es bieten sich weitere Klagewege an, die von juristischen Personen (Organisationen, Verbände u.Ä.) beschritten werden könnten. Diese sollen nachfolgend aufgezeigt werden, der Vollständigkeit halber und um eine Einschätzung der Erfolgsaussichten dieser

....
[31] http://de.wikipedia.org/wiki/Verfassungsgerichtsbarkeit

Formen der Gegenwehr zu ermöglichen. Anschließend wollen wir uns auf die Möglichkeiten konzentrieren, internationale Tribunale anzurufen.

Vorweg sei hier noch angemerkt, dass auch im Zuge einer Individualklage (auf dem Weg durch die Instanzen) ein Anrufen des Bundesverfassungsgerichtes (BVerfG) möglich wäre. Derartige Verfahren könnten grundsätzlich – vorausgesetzt eines begründeten Verdachts auf Verletzungen des Grundgesetzes – durch das Gerichte ausgesetzt und zur Überprüfung an das BVerfG weitergeleitet werden. Dieser Weg wäre aber immer einer Entscheidung des zuständigen Gerichts vorbehalten, bislang hat sich nach unserem Kenntnisstand noch kein Richter dazu durchringen können.

6.1. Der Organstreit

Mit dem Rechtsbegriff Organstreit oder Organstreitigkeit werden im öffentlichen Recht in Deutschland verfassungsrechtliche Streitigkeiten über den Umfang der Rechte und Pflichten oberster Verfassungsorgane oder ihrer Mitglieder bezeichnet. Bei einem Organstreit handelt es sich um die Frage der Rechtmäßigkeit von Maßnahmen, die organisatorische Wirkungen zwischen Verfassungsorganen oder auch nur ihren Mitgliedern betreffen. Es gibt vergleichbare Streitigkeiten auf allen Ebenen der Organe der öffentlich-rechtlichen Körperschaften, bis hin zum Kommunalverfassungsstreit. (…)

Das Organstreitverfahren hat seine Grundlage im Gewaltenteilungsprinzip und im Minderheitenschutz. Allerdings sind Organstreitverfahren wegen den parteipolitischen Verbindungen eher selten. Der Minderheitenschutz spielt hingegen eine erhebliche Rolle. Durch das Organstreitverfahren hat die Opposition die Möglichkeit, ihre Minderheitsrechte vor dem deutschen Bundesverfassungsgericht geltend zu machen und durchzusetzen. Das Organstreitverfahren ist in Art. 93 Abs. 1 Nr. 1 GG genannt und in § 13 Nr. 5, §§ 63 ff. BVerfGG konkretisiert. (...)

Um vor dem Bundesverfassungsgericht im Rahmen eines Organstreitverfahrens klagen zu können, müssen bestimmte Voraussetzungen erfüllt sein. Die Voraussetzungen für Organstreitigkeiten vor den Verfassungsgerichten der Länder sind weitgehend vergleichbar: Antragsberechtigt sind oberste Bundesorgane im Sinne des Art. 93 Abs. 1 Nr. 1 GG. Dazu zählen der Bundespräsident, der Bundestag, Bundesrat und die Bundesregierung sowie die gemeinsamen Ausschüsse (Art. 93 Abs. 1 Nr. 1 GG i.V.m. § 13 Nr. 5, § 63 BVerfGG).

Antragsberechtigt sind auch Teile dieser Organe, sofern sie unter „andere Beteiligte" im Sinne des Art. 93 Abs. 1 Nr. 1 GG fallen. Organteile können etwa der Bundestagspräsident, der einzelne Abgeordnete (als Teil des Organs Bundestag), Bundesminister (In-Sich-Streit zwischen einzelnen Bundesministern ist unzulässig), Fraktionen sowie politische Parteien, sofern diese in ihrer (organschaftlichen) Stellung als Mitwirkende am Verfassungsleben betroffen sind, sein.

Ein zulässiger Antrag liegt nach diesem Kriterium nur dann vor, wenn der Antragsteller die Verletzung eigener, aus der Verfassung ableitbarer Rechte hinreichend geltend macht. An dieser Stelle wird jedoch nur festgestellt, ob ein solches Recht verletzt sein könnte (Möglichkeitstheorie). Die konkrete Frage, ob die Verletzung tatsächlich vorliegt, wird im Rahmen der Begründetheit geklärt.[32]

Die Möglichkeiten, das Hartz-System über den Weg eines Organstreites anzugreifen, waren bis heute (nach immerhin 58 Gesetzesänderungen seit Inkrafttreten im Jahre 2005) verbaut. An dieser Stelle hat die Bundesregierung als Initiator der Gesetzgebungsverfahren offensichtlich „sauber" gearbeitet und den politischen Widersachern bislang keine Angriffsfläche geboten.

....

[32]   Vgl.: http://de.wikipedia.org/wiki/Organstreit

6.2. Die Verbandsklage

Als Verbandsklage wird die Klage von Vereinen oder Verbänden bezeichnet, mit der diese nicht die Verletzung eigener Rechte geltend machen, sondern die der Allgemeinheit. Im deutschen Recht gibt es mittlerweile in den verschiedenen Rechtsgebieten unterschiedlich ausgeprägte Möglichkeiten, eine Verbandsklage zu erheben.

Besondere Bedeutung kommt Verbandsklagen im Umweltrecht zu. Grundsätzlich liegt dem deutschen Verwaltungsprozessrecht das System des Individualrechtsschutzes zugrunde. Nach § 42 Abs. 2 VwGO ist nur derjenige klagebefugt, der geltend macht, durch den Verwaltungsakt in eigenen Rechten (subjektiv-öffentliches Recht) verletzt zu sein.[33]

Aber auch in sozialrechtlichen Streitfällen könnte die Verbandsklage das Mittel der Wahl sein. „Das Gesetz zur Gleichstellung behinderter Menschen enthält in § 13 BGG ein Verbandsklagerecht, nachdem ein anerkannter Behindertenschutzverband Klage nach Maßgabe der Verwaltungsgerichtsordnung oder des Sozialgerichtsgesetzes erheben kann auf Feststellung eines Verstoßes gegen bestimmte behindertenschutzrechtliche Vorschriften."[34]

Behinderte Menschen sind in den Fängen des Hartz-Systems häufig einer besonderen Entwürdigung und nicht selten erschreckender Diskriminierungen ausgesetzt. Hier wären nun die Verbände gefragt, die sich dem Schutz Behinderter verschrieben haben. Es wäre zu begrüßen, wenn diese Organisationen die Möglichkeiten dieses Rechtsweges noch einmal ernsthaft prüfen würden.

....

[33] Vgl.: http://de.wikipedia.org/wiki/Verbandsklage

[34] ebenda

6.3. Die Normenkontrolle

Als Normenkontrolle bezeichnet man die Überprüfung von Rechtsnormen daraufhin, ob sie mit höherrangigem Recht vereinbar sind. Normenkontrollen werden von Gerichten vorgenommen und sind geschichtlich aus dem richterlichen Prüfungsrecht hervorgegangen. Die Befugnis von Gerichten, Rechtsnormen auf ihre Vereinbarkeit mit höherrangigem Recht zu überprüfen, und die niederrangigen Normen im Falle der Nicht-Vereinbarkeit für nichtig zu erklären, wird als Normenkontroll-kompetenz bezeichnet.

In Deutschland ist die Normenkontrolle von nachkonstitutionellen (d.h. nach Erlass der jeweiligen Verfassung verabschiedeten), formellen (d.h. typischerweise vom Parlament verabschiedeten) Gesetzen grundsätzlich der Verfassungsgerichtsbarkeit vorbehalten (vgl. Art. 100 Abs. 1 GG). Das jeweilige Verfassungsgericht (Bundesverfassungsgericht oder Verfassungsgericht des Landes) überprüft in den Verfahren der abstrakten oder konkreten Normenkontrolle das Gesetz auf die Verfassungsmäßigkeit. Außerdem überprüft das Bundesverfassungsgericht (und je nach Landesrecht das Landesverfassungsgericht) im Rahmen von Verfassungsbeschwerden auch die Verfassungsmäßigkeit von Gesetzen, entweder weil das Gesetz als Eingriffsermächtigung inzident geprüft wird oder weil die Verfassungsbeschwerde direkt gegen ein belastendes Gesetz (prinzipal) gerichtet ist. (…)

Bei der abstrakten Normenkontrolle vor dem Bundesverfassungsgericht (BVerfG) kann die Bundesregierung per Kabinettsbeschluss, eine Landesregierung oder ein Viertel der Mitglieder des Bundestages einen Antrag gemäß Art. 93 Abs. 1 Nr. 2 Grundgesetz in Verbindung mit § 13 Nr. 6 BVerfGG an das Bundesverfassungsgericht stellen. Prüfungsgegenstand ist jede Rechtsnorm mit Außenrechtsgehalt (daher ist keine Überprüfung von Verwaltungsvorschriften möglich), die mit Ausnahme von völkerrechtlichen Verträgen bereits verkündet wurde. Nach § 76 Abs. 1 BVerfGG muss der Antragssteller das angegriffene Recht für nichtig halten, Art. 93 Abs. 1 Nr. 2 GG spricht jedoch von Zweifeln. Insoweit ist umstritten, ob die im Grundgesetz geforderten „Zweifel" dem „für nichtig halten" vorgehen. (...)

Bei der konkreten Normenkontrolle legt ein erkennendes Gericht gemäß Art. 100 GG, § 13 Nr. 11 BVerfGG dem Bundesverfassungsgericht ein Parlamentsgesetz zur Prüfung vor. Voraussetzung ist, dass es im zu entscheidenden Fall auf die Verfassungsmäßigkeit eines nachkonstitutionellen Gesetzes ankommt und das erkennende Gericht von der Unvereinbarkeit des Gesetzes mit der Verfassung überzeugt ist. Es trifft dann einen Vorlagebeschluss und setzt das Verfahren bis zur Entscheidung des Bundesverfassungsgerichts aus. Untergesetzliche Rechtsnormen kann und muss das Fachgericht, wenn es von ihrer Verfassungswidrigkeit überzeugt ist, ohne Vorlage selbst unangewendet lassen.[35]

In 2010 brachte das Bundessozialgericht eine Normenkontrolle auf den Weg, die sich auf die mögliche Verfassungswidrigkeit der Festsetzung der Regelsätze im SGB II stützte. Mit Erfolg: Unter Vorsitz des damaligen Präsidenten des BVerfG, Hans-Jürgen Papier, wurde ein Urteil verkündet (Az.: 1 BvL 1/09; 1 BvL 3/09; 1 BvL 4/09). Nach Ansicht des ersten Senats des Bundesverfassungsgerichts (BVerfG) in Karlsruhe war die Berechnung der Regelsätze als verfassungswidrig eingestuft worden. Die Bundesregierung musste daraufhin die Berechnung neu festsetzen.[36]

....

[35] Vgl.: http://de.wikipedia.org/wiki/Normenkontrolle

[36] Vgl.: http://www.sozialleistungen.info/news/09.02.2010-bundes-verfassungsgericht-urteil-hartz-iv-regelsatz-ist-verfassungswidrig-berechnet/

6.4. Mögliche Klagen vor internationalen Tribunalen

Erfolg versprechende Klagemöglichkeiten vor internationalen Tribunalen bieten sich vor dem Europäischen Gerichtshof (EuGH) sowie vor dem Europäischen Gerichtshof für Menschenrechte (EGMR). Zwar wurde in den letzten Tagen von einem angestrebten Verfahren vor dem Internationalen Strafgerichtshof (IStGH) berichtet, dieser Versuch dürfte jedoch untauglich und damit wenig Erfolg versprechend sein. Schließlich ist es die originäre Aufgabe des IStGH, Verbrechen gegen die Menschlichkeit (Kriegsverbrechen und ähnliche Gräueltaten) zu ahnden, von einer derartigen Qualität der Rechtsverstöße im SGB II kann aber nicht ernsthaft die Rede sein.

6.4.1. Der Europäische Gerichtshof

Der europäische Gerichtshof (EuGH) ist das oberste rechtsprechende Organ der Europäischen Union (EU). Nach Art. 19 Abs. 1 Satz 2 EUV sichert er „die Wahrung des Rechts bei der Auslegung und Anwendung der Verträge". Zusammen mit dem Gericht der Europäischen Union und dem Gericht für den öffentlichen Dienst der Europäischen Union bildet er das Gerichtssystem der Europäischen Union, das im politischen System der Europäischen Union die Rolle der Judikative einnimmt. (...) Für Klagen der Europäischen Kommission (v. a. Vertragsverletzungsverfahren), Klagen anderer Organe der Europäischen Union oder der Mitgliedstaaten, die nicht gegen die Kommission gerichtet sind, sowie für die Entscheidungen im Vorabentscheidungsverfahren ist der EuGH allein zuständig.[37]

....
[37]   Vgl.: http://de.wikipedia.org/wiki/Europ%C3%A4ischer_Gerichtshof

6.4.1.1. Vertragsverletzungsverfahren

Die Europäische Kommission kann einen Mitgliedstaat – nach einem Vorverfahren – vor dem EuGH verklagen. Der EuGH prüft dann, ob ein Mitgliedstaat seinen sich aus dem Vertrag über die Arbeitsweise der Europäischen Union ergebenden Verpflichtungen nicht nachgekommen ist. Dem EuGH wird eine Klageschrift zugestellt, die teilweise im Amtsblatt der Europäischen Union veröffentlicht und dem Beklagten zugestellt wird. Je nach Fall kommt es zu einer Beweisaufnahme und einer mündlichen Verhandlung. Im Anschluss daran gibt der Generalanwalt seine Schlussanträge ab. Darin macht er einen Urteilsvorschlag, an den der EuGH jedoch nicht gebunden ist. Gemäß Art. 259 AEU-Vertrag kann auch ein Mitgliedstaat gegen einen anderen vor dem EuGH (nach einem Vorverfahren durch Einschaltung der Kommission, Art. 259 Abs. 2 bis 4 AEU-Vertrag) vorgehen.

6.4.1.2. Vorabentscheidungsverfahren

Die nationalen Gerichte können bzw. müssen, soweit es sich um die letzte Instanz (zum Beispiel Bundesfinanzhof, Bundesgerichtshof) handelt, dem EuGH Fragen hinsichtlich der Auslegung des Rechts der Europäischen Union vorlegen. Außerdem können sie überprüfen lassen, ob ein europäischer Gesetzgebungsakt gültig ist. Dies soll in besonderem Maße die einheitliche Anwendung des Rechts der Europäischen Union durch die nationalen Gerichte, die für dessen Durchsetzung zu sorgen haben, sicherstellen. Das nationale Gericht muss in seiner Verhandlung auf die Auslegung bzw. Gültigkeit des Rechts der Europäischen Union angewiesen sein (sie muss entscheidungserheblich sein und die Auslegung darf nicht bereits geklärt sein), um eine Frage vorlegen zu dürfen. Es unterbricht dabei sein Verfahren bis zur Antwort des EuGH. Die vorgelegte Frage wird zunächst in alle Amtssprachen übersetzt und im Amtsblatt bekannt gegeben. Dies gibt den beteiligten Parteien, sämtlichen Mitgliedstaaten und den Organen der Europäischen Union die Möglichkeit, Stellungnahmen abzugeben. Wiederum folgen i. d. R. eine mündliche Verhandlung sowie Schlussanträge des Generalanwalts, bevor es zu einem Urteilsspruch kommt. Das vorlegende Gericht (und andere Gerichte in ähnlichen Fällen) sind an das Urteil des EuGH gebunden.

6.4.2. Der Europäische Gerichtshof für Menschenrechte

Der Europäische Gerichtshof für Menschenrechte (EGMR) ist ein auf Grundlage der Europäischen Menschenrechtskonvention (EMRK) eingerichteter Gerichtshof mit Sitz im französischen Straßburg, der Akte der Gesetzgebung, Rechtsprechung und Verwaltung in Bezug auf die Verletzung der Konvention in allen Unterzeichnerstaaten überprüft. Der EMRK sind alle 47 Mitglieder des Europarats beigetreten. Daher unterstehen mit Ausnahme von Weißrussland und dem Vatikanstaat sämtliche international anerkannten europäischen Staaten einschließlich Russlands, der Türkei, Zyperns und der drei Kaukasusrepubliken Armenien, Aserbaidschan und Georgien der Jurisdiktion des EGMR. Jeder kann mit der Behauptung, von einem dieser Staaten in einem Recht aus der Konvention verletzt worden zu sein, den EGMR anrufen. (…)

Neben dem Staatenbeschwerdeverfahren und dem Gutachtenverfahren sieht die EMRK auch ein Individualbeschwerdeverfahren vor. Dieses Verfahren setzt aber zwingend die sogenannte Rechtswegerschöpfung voraus, das heißt, es muss zunächst der innerstaatliche Instanzenzug durchlaufen werden und es dürfen keine Rechtsbehelfe auf nationaler Ebene verbleiben. In Deutschland fällt darunter auch das Verfahren vor dem Bundesverfassungsgericht.[38]

Die Urteile des EGMR sind für die Mitgliedstaaten bindend, sie müssen zwingend befolgt werden. Aber auch hierzu wäre ein langer Weg durch die Instanzen zu beschreiten. Ein zu langer Weg, angesichts der täglich wachsenden Ausgrenzung und Verelendung von Millionen Bürgerinnen und Bürgern. In der letzten Folgen dieser Serie werden wir deshalb außergerichtliche Wege erörtern, die die Bundesregierung zu Kurskorrekturen und damit zur Einhaltung anerkannter Rechtsnormen animieren könnte.

7. Die Beschwerde bei der Europäischen Kommission

Wir haben nun die Rechtsverstöße, die in der Systematik der Agenda 2010 vorsätzlich gewollt und zielgerichtet durch die Gesetzgebungsorgane (Bundestag, Bundesrat, aber auch jeder zustimmende Abgeordnete) angelegt sind, aufgezeigt. Wir haben auch die gerichtlichen Wege erörtert, die diesem Unrechtssystem entgegenwirken könnten. An dieser Stelle sind die Möglichkeiten ausgeschöpft, angesichts der aufwendigen und mühseligen Verfahren könnten wir meinen, mit unserem Latein nun am Ende zu sein. Aber aufgepasst, es tut sich eine weitere Chance auf, die Bundesregierung doch noch in ihre Schranken zu verweisen.

Dafür schauen wir erneut nach Europa, genauer gesagt auf den Auftrag der Europäischen Kommission. Schließlich ist dieses Organ supranationaler Natur, die EU-Kommission erhebt sich geradezu über die nationalen Vertretungen der Mitgliedstaaten. „Im politischen System der EU nimmt sie vor allem Aufgaben der Exekutive wahr und entspricht damit ungefähr der Regierung in einem nationalstaatlichen System. Sie hat jedoch

....

[38] Vgl.: http://de.wikipedia.org/wiki/
       Europ%C3%A4ischer_Gerichtshof_f%C3%BCr_Menschenrechte

auch noch weitere Funktionen, insbesondere besitzt sie das alleinige Initiativrecht für die EU-Rechtsetzung. Als „Hüterin der Verträge" überwacht sie die Einhaltung des Europarechts durch die EU-Mitgliedstaaten und kann gegebenenfalls Klage beim Europäischen Gerichtshof erheben".[39]

Alle Unionsbürger können gemeinsam mit anderen direkt die EU-Kommission auffordern, ein Gesetz auf europäischer Ebene vorzuschlagen. Der Vertrag von Lissabon hat die direkte Mitsprache der Bürger rechtlich verankert. Mit dem Aufforderungsrecht stehen alle Bürger auf einer Stufe mit dem Rat der Europäischen Union und dem Europäischen Parlament.[40]

7.1. Einreichen einer Individualbeschwerde

„Jede Person kann bei der Europäischen Kommission eine Beschwerde über einen Mitgliedstaat einreichen, um eine Maßnahme (gesetzliche Regelung, Vorschrift oder Verwaltung) oder eine Praxis, die einem Mitgliedstaat anzulasten ist, anzuzeigen, wenn diese Person der Auffassung ist, dass die Maßnahme oder Praxis gegen eine Bestimmung oder einen Grundsatz des Unionsrechts verstößt".[41] Jeder von uns findet hier also eine probate Möglichkeit, sich gegen nationales Unrecht zu wehren, auf einer höheren, internationalen Ebene.

....

[39]   http://de.wikipedia.org/wiki/Europ%C3%A4ische_Kommission

[40]   Vgl.: http://ec.europa.eu/deutschland/shape_europe/index_de.htm

[41]   http://ec.europa.eu/eu_law/your_rights/your_rights_forms_de.htm

7.1.2. Das Beschwerdeverfahren

Angerufen werden kann die EU-Kommission mit einem form-losen Schreiben oder einer E-Mail, im Internet finden sich aber auch Formblätter, die einen guten Leitfaden für die Beschwerde bieten.[42]

Nach geltendem Europarecht ist die Kommission nun ge-zwungen, einen amtlichen Vorgang zu eröffnen, es wird ein Ak-tenzeichen vergeben und eine Akte angelegt. Wer von uns schon Erfahrungen mit der Bürokratie hat, der wird wissen, dass derar-tige Akten auch konsequent gefüllt werden.

Dazu tritt die Kommission in ein Vorermittlungsverfahren ein, das heißt in unserem Falle, dass die Bundesregierung unter einer kurzen Fristsetzung aufgefordert wird, zu den eingereich-ten Vorwürfen Stellung zu beziehen. Sollten die Stellungnahmen nicht befriedigend, nicht umfassend und eindeutig sein, wird die Kommission nachhaken, keine Regierung kann sich nunmehr dem Vorgang entziehen. Sollten sich die Vorwürfe erhärten, ist die EU-Kommission gezwungen, Klage beim Europäischen Ge-richtshof (EuGH) zu erheben und zwar auf direktem Wege, ohne Einhaltung der nationalen Instanzenwege. Wertvolle Zeit wird so gewonnen, Zeit die Menschenleben retten kann. Das gesamte Beschwerdeverfahren vor der Kommission darf nach geltendem Recht nicht länger als zwölf Monate dauern, danach muss die Eingabe entweder zurückgewiesen, oder aber besagte Klage er-hoben werden.

....
[42]   ebenda

7.2. Klage vor dem Europäischen Gerichtshof (EuGH)

Nach Abschluss des nun folgenden Hauptverfahrens wird der EuGH Recht sprechen, in unserem Falle idealerweise die Bundesregierung wegen Verstoßes gegen die EU-Verträge verurteilen. Ein solches Urteil beinhaltet regelmäßig detaillierte Anweisungen zur Korrektur der beklagten Rechtsnormen. Aus dieser Nummer kommt keine Regierung mehr heraus, sie muss sich wie jeder ertappte Kriminelle dem Spruch der Richter beugen. In der Regel wird der EuGH darüber hinaus eine empfindliche und abschreckende Geldstrafe verhängen. Die dürfte dann allerdings nicht die verurteilte Ministerin aus eigener Tasche zahlen, auch dafür wird dann wohl der Steuerzahler bluten müssen. Für die politischen Straftäter käme ein solches Urteil dennoch einer Höchststrafe gleich.

7.3. Wesenszüge der Strafe

„Die Strafe ist eine Sanktion gegenüber einem bestimmten Verhalten, das in der Regel vom Erziehenden oder Vorgesetzten als Unrecht bzw. als (in der Situation) unangemessen qualifiziert wird. Der Begriff der Strafe wird insbesondere im Bereich der Rechtswissenschaft, jedoch auch in der Theologie, Philosophie und vor allem in den Erziehungswissenschaften abgehandelt. Der Gesetzgeber beabsichtigt, Personen, die gegen Rechtsnormen verstoßen, zu bestrafen. In der Regel wird Strafe heute nach der Vereinigungstheorie mit unterschiedlichen Ansätzen begründet:

* mit der Veränderung des zu Bestrafenden zum Besseren (Spezialprävention)
* mit dem Ziel der Abschreckung potenzieller anderer (Generalprävention)

- mit dem Ziel des Schutzes anderer (z. B. der sonstigen Bevölkerung)
- mit der Wiederherstellung der Gerechtigkeit (Sühne) und von Vergeltung (Talionsprinzip)".[43]

Strafen im juristischen Sinne dürfen nur durch ein ordentliches Gericht verhängt werden. Mit einer offensichtlichen Ausnahme: Im Rechtskreis des SGB II ist es selbst dem kleinsten Sachbearbeiter mit ausgewiesener Persönlichkeitsstörung „erlaubt" nach Gutsherrenart und unkontrollierbarer Willkür zu strafen und Existenzen zu zerstören. Nein, erlaubt ist das natürlich nicht, nicht in einem funktionierenden Rechtsstaat, nicht unter sozialen Wesen, die Menschen doch von Natur aus sind.

7.4. Der Internationale Pranger ist die politische Höchststrafe

Für gesetzgebende, verantwortliche Politikerinnen und Politiker kennen wir einen erweiterten Sanktionskatalog, auch außerhalb jeder Rechtsprechung. Das beginnt mit beharrlichem Ignorieren (der Höchststrafe für pathologische Narzissten), mit der Verweigerung der Stimme bei den kommenden Bundestagswahlen, bis hin zur sozialen Ächtung als Täter gegen die Menschlichkeit und gegen die freiheitlich-demokratische Grundordnung. Wenn morgen die Massen auf den Straßen und Plätzen mit dem Finger auf diese Missetäter zeigen, werden sie sich nicht mehr in das Licht der Öffentlichkeit trauen. Für eine Regierung, gleich welcher Provenienz und Couleur, gibt es keine größere Peinlichkeit, als international in die Kritik zu geraten und an den globalen Pranger gestellt zu werden. Und das zu Recht!

....
[43] http://de.wikipedia.org/wiki/Strafe

7.5. Resümee

Das waren die rechtlichen Möglichkeiten, die Bundesregierung und die selbst ernannten Eliten zum Einlenken zu bewegen. Ich bin kein Jurist und kann nicht garantieren, dass ich das Thema vollständig erfasst habe. An dieser Stelle rufe ich die Vertreter der Jurisprudenz auf, Ergänzungen und weitere Vorschläge zur Überwindung des Unrechtssystems einzubringen. Ich werde jedenfalls in diesen Tagen meine Konsequenzen aus den gewonnenen Erkenntnissen ziehen und den Weg beschreiten, der mir am erfolgversprechendsten erscheint.

Es bleibt dabei: Der Druck muss nun wachsen, wir stehen kurz vor einer alles entscheidenden Bundestagswahl. Keine Abgeordnete, kein Abgeordneter soll sich bis dahin in Sicherheit wiegen, wieder gewählt zu werden. Dafür will ich meinen bescheidenen Beitrag leisten. Ich werde erst Ruhe geben, wenn wir sicher sein können, dass der soziale Frieden in dieser Republik wiederhergestellt und die Diskriminierung und die Massenverelendung ernsthaft bekämpft werden. So wahr mir der Himmel dabei helfe!

Systematische Verelendung durch Hartz IV

B. Brecht: *„Und wehe, der Schoß ist fruchtbar noch!"*

Seit Monaten ist eine deutliche Zunahme der im Rechtskreis des SGB II (Hartz IV) verhängten Sanktionen zu verzeichnen. Diese Praxis wird inzwischen von zahlreichen Kritikern als grundgesetz- und menschenrechtswidrig gegeißelt, sie verstößt gegen die Würde des Menschen (Art. 1 GG) sowie gegen das Sozialstaatsprinzip (Art. 20 GG).

Dennoch hat noch Ende April 2012 eine erschreckende Mehrheit im Bundestag für die Beibehaltung dieses fortgesetzten und systematischen Rechtsbruchs gestimmt.

Die Entscheidung wird u. a. mit fragwürdigen „pädagogischen" Erwägungen und mit einem diffusen „öffentlichen Interesse" zu begründen versucht. In einer Stellungnahme gegenüber tagesschau.de erklärte eine Sprecherin der Bundesagentur für Arbeit (BA) die Zunahme der Sanktionen mit „der positiven Entwicklung auf dem Arbeitsmarkt im vergangenen Jahr. In Zeiten einer guten Konjunktur könnten die Arbeitsagenturen den Leistungsempfängern mehr Termine vorschlagen und Angebote unterbreiten, deren Nicht-Wahrnehmung oder Ablehnung Sanktionen nach sich ziehen. Zugleich steige bei größerer Nachfrage auf dem Arbeitsmarkt erfahrungsgemäß die Zahl der Hartz-IV-Empfänger, die die Angebote der Arbeitsagenturen zurückweisen."

Während also die im Bundestag vertretenen Mandatsträger (mit Ausnahme der Fraktion DIE LINKE) sich offen gegen das Grundgesetz stellen, wird durch die BA und die Jobcenter einmal mehr den Betroffenen die Schuld an ihrem Elend zugeschrieben. Es ist offensichtlich, dass so der Druck auf Erwerbslose erhöht werden soll, jede auch noch so miese Arbeit anzunehmen. In der Folge wird weiterer Druck auf das allgemeine Lohnniveau ausgeübt, der Niedriglohnsektor ausgeweitet und eine weitere Prekarisierung der Erwerbsarbeit betrieben.

Die zarte Frucht Sozialstaat wird so bis zur Unkenntlichkeit ausgepresst.

Es stellt sich aber auch die Frage nach der Motivation der behördlichen Mitarbeiter, quasi in einen „Wettbewerb der Bürgerverelendung" zu treten. Dabei dürfen wir uns nicht alleine auf die „ausführenden Organe" konzentrieren, in unseren Fokus gehören auch die Amtsleiter vor Ort und noch zwingender die kommunalen Wahlbeamten wie Landräte, Kreisdirektoren, Beigeordnete und Dezernenten. Letztere sind es, die in den Behörden die Politik bestimmen, in ihren Netzwerken (Städte- und Gemeindetage) wird administratives Handeln und die Umsetzung von Gesetzen beraten und beschlossen. Hier wird auch das sozialpolitische Klima determiniert, dabei kann es schon mal zu kommunalen Wettbewerben („Benchmarkings") der übelsten Art kommen.

„Im Vordergrund der Gespräche müssen nach Auffassung der kommunalen Spitzenverbände die Reduzierung der Ausgabenlast im sozialen Bereich und die chronische Unterfinanzierung der NRW-Kommunen stehen. Besonders die Wohnkosten für Langzeitarbeitslose, aber auch die Kosten für die Pflege von Älteren, die Hilfen für Behinderte oder den Ausbau der Kinderbetreuungsangebote sind in den vergangenen Jahren geradezu explodiert."

Die kommunalen Wahlbeamten müssen sich in regelmäßigem Turnus einer Wahl durch die Räte oder Kreistage stellen. Sie haben selbstredend ein Interesse daran, auf ihrem Feld zu glänzen und sich zu profilieren, oft auch für erstrebte „höhere" Aufgaben. Für ihre Berufung sind sie auf politische Mehrheiten angewiesen und auch hier gilt: Wes Brot ich fress, des Lied ich sing. Oder anders gesagt: Hier wird knallharte Parteipolitik betrieben, die nicht zwingend im öffentlichen Interesse liegen muss.

Eine vergleichbare Motivationslage dürfen wir auf der Ebene der Amtsleiter vermuten, auch hier steht die eigene Karriereplanung nicht selten im Vordergrund. Da werden schnell auch Weisungen von oben umgesetzt, die bei genauerer Betrachtung nicht gesetzeskonform sind, da hören wir von „Pflichterfüllung" oder auch schon mal von „Weisungsnotstand". Bedenken von Kritikern werden mit einem „wir machen das hier einfach so" vom Tisch gefegt, dafür werden dann Gesetze gebeugt, wenn nicht sogar gebrochen. Und diese Verwalter des Elends sind sich dabei noch relativ sicher, von ihren „Dienstherren" geschützt bisweilen wie die Gutsherren agieren zu dürfen, die betroffenen Bürger „können im Zweifelsfall ja klagen."

Hauptsache die verordneten Zielvorgaben werden erreicht.

Beispielhafte Quellen psychischer Belastungen

Arbeitsplatz-umgebung	räumliche Enge, räumliche Mobilität	Lärm, Blendung, Gerüche	mangelhafte Gestaltung Signale
Arbeitsmittel	störanfällige ungeeignete Technik/Werkzeug	Mängel Software	ungünstige Bedienung Maschinen
Arbeitsaufgabe/ Arbeitsinhalte	hohe Komplexität, unvollständige/ einfache Aufgaben	hohe emotionale Anforderungen, Bedrohung durch Personen	hohe Verantwortung, unklare Kompetenzen, fehlende Ausbildung
	geringer Handlungsspielraum, wenig Abwechslung	kurze Takte, hoher Wiederholungsgrad	Informationsflut, Informationsmängel
Arbeitsorganisation	hohe Arbeitsmenge, Zeitdruck, häufige Störungen	überlange Arbeitszeit, Schichtarbeit keine Pausen	isolierte Einzelarbeit fehlende Kommunikation
soziale Beziehungen	Konflikte im Team, fehlende soziale Unterstützung	Mängel Führungsqualität, fehlende Anerkennung	zu wenig soziale Kontakte

Systematik psychischer Belastungen • Quelle: ergo-online.de

Auch auf der operativen Ebene arbeiten Menschen, wir dürfen auch hier von Karriereplänen und Profilierungsbemühungen ausgehen. Wir sollten aber nicht ausschließen, dass es auf dieser Hierarchiestufe um ganz profane materielle Interessen gehen kann. Mit Einführung des „Tarifvertrages öffentlicher Dienst (TVöD)" wurde erstmals eine Leistungskomponente als fester Gehaltsbestandteil eingefügt. Damit wollten die öffentlichen Arbeitgeber vordergründig eine an der Leistung orientierte Bezahlung installieren. Der hier definierte Gehaltsbestandteil wird in der Regel einmal jährlich nach systematischen Leistungsbewertungen ausgeschüttet. Dazu werden Kennziffern definiert, bewertet und verglichen. Eine andere Ermittlung der Leistung eines Mitarbeiters stellt aber auch die sog. Zielvereinbarung dar, mit der jährliche Zielmargen festgesetzt und angestrebt werden. Dazu bieten sich idealerweise sog. harte Kriterien an, Fakten, die absolut zählbar und relativ vergleichbar sind.

Wir wissen inzwischen und können es belegen, dass die Anzahl der Sanktionen nicht nur auf Amtsebene als ein solches hartes Kriterium herangezogen wird. Damit bekommt der Rechtsbruch System, die Verelendung breiter Schichten der Bevölkerung wird nicht nur billigend in Kauf genommen, sondern vorsätzlich betrieben. Dieses eklatante Verbrechen (und es muss als solches benannt werden) muss an den Pranger und unverzüglich eingestellt werden!

Wir alle haben die Möglichkeit, darauf Einfluss zu nehmen. Wir können z. B. jeden Abgeordneten auf sein Abstimmungsverhalten ansprechen und unsere Empörung zum Ausdruck bringen. Wir können diesen Rechtsbrechern bei nächster Gelegenheit die Stimme verweigern, wir können uns zusammenschließen und laut und unmissverständlich Farbe bekennen u.v.a.m.

Gegen entwürdigende Hartz IV-Praxis und für berufliche Förderung!

Feldversuch Jobcenter?

Schon unmittelbar nach dem (vorläufigen) Ende der faschistischen Diktatur in Deutschland stellte sich die Wissenschaft die Frage, was den einzelnen Menschen dazu bewegen könnte, dem staatlichen Verbrechen willfährig zu dienen.

Um eine vergleichbare Frage kommt tagesaktuell der kritische Beobachter des Hartz-Systems nicht herum.

Der amerikanische Psychologe Stanley Milgram entwarf 1961 eine aufsehenerregende Versuchsanordnung, um die Phänomene Autorität und Gehorsam auf ihre sozialpsychologische Wechselwirkung zu untersuchen.

Im Mittelpunkt der Untersuchung stand die Frage, inwieweit der Einzelne Anweisungen einer Autorität folgt, selbst dann, wenn sie gegen sein Gewissen, gegen Ethik und Moral oder anerkanntes Recht verstoßen.

Die Ergebnisse sind erschreckend, wie sich in weiteren Versuchen zeigte, völlig unabhängig vom Geschlecht, gesellschaftlicher Stellung oder kulturellem Hintergrund der Probanden.

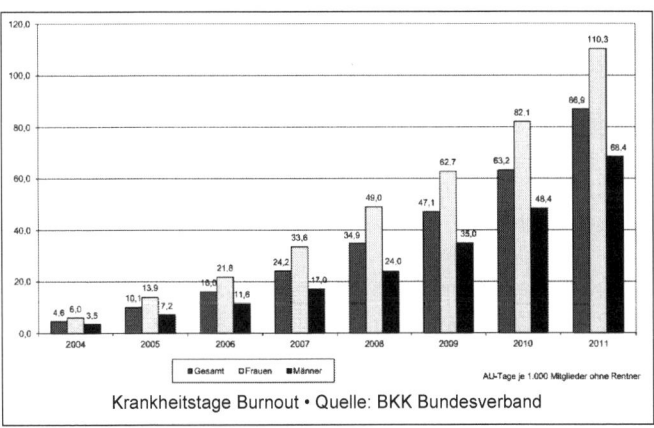

Krankheitstage Burnout • Quelle: BKK Bundesverband

Anders gesagt: Alle Menschen ticken in dieser Frage gleich, wir müssen mit Schrecken eine universelle Unzulänglichkeit der Gattung Mensch konstatieren.

„Die rechtlichen und philosophischen Aspekte von Gehorsam sind von enormer Bedeutung. Starre Autorität stand gegen die stärksten moralischen Grundsätze der Teilnehmer, andere Menschen nicht zu verletzen, und obwohl den Testpersonen die Schmerzensschreie der Opfer in den Ohren klingelten, gewann in der Mehrzahl der Fälle die Autorität. Die extreme Bereitschaft von erwachsenen Menschen, einer Autorität fast beliebig weit zu folgen, ist das Hauptergebnis der Studie, und eine Tatsache, die dringendster Erklärung bedarf."

(Stanley Milgram: The Perils of Obedience, Harper´s Magazine, 1974, zitiert nach: http://de.wikipedia.org/wiki/Milgram-Experiment)

Das Experiment erfuhr heftige Kritik aus der Wissenschaftsgemeinde, nicht etwa wegen des Untersuchungsgegenstands oder der Ergebnisse.

Milgram wurde vielmehr vorgehalten, „ein „traumatisierendes" Experiment vorgenommen zu haben, das „potenziell schädlich" für die Versuchspersonen sei." (ebenda)

Später wurde aus Langzeitstudien „von Nervenzusammenbrüchen und posttraumatischen Belastungsstörungen (berichtet) und einzelne Teilnehmer hatten noch vierzig Jahre später, als sie nochmals untersucht wurden, gesagt, sie seien diesen Schock, dieses Trauma nie mehr losgeworden, also ein Trauma, Täter gewesen zu sein." (ebenda)

So stellt sich tagesaktuell die Frage nach den sozialpsychologischen Ausgangspunkten und nach den Langzeitwirkungen der Umsetzung von Hartz IV für die Mitarbeiter in den Jobcentern sowie für die Leistungsberechtigten, die fälschlicherweise gerne als „Kunden" bezeichnet werden.

Während die Betroffenen in ihren elementaren Grund- und

Menschenrechten verletzt werden, bringen der gesetzliche Rahmen, die politische Intention und eine von der allgemeinen Ethik abweichende Kultur die Mitarbeiter der Jobcenter in bedrohliche seelisch-emotionale Konflikte.

Ich verweise nochmals auf Milgram's Kritiker: Ein traumatisierendes Experiment, das potenziell schädlich für die Versuchspersonen ist.

Ein sachkundiger Kollege formulierte es neulich in einem Gespräch so: „Das alles ist Mobbing in Reinkultur. Der tägliche Zwang, geltende Grund- und Menschenrechte zu verletzen, die extreme Leistungskontrolle, die schlechte Ausbildung für die Aufgabe, die ständige Überforderung, das alles macht krank und verletzt die Fürsorgepflichten jeden Arbeitgebers".

Dies alles zu verhindern sind originäre Aufgaben von Betriebs- und Personalräten. Die hier beschriebenen Aspekte bieten genügend Ansatzpunkte, um im Sinne der Mitbestimmung die dringend notwendigen Korrekturen des Systems zu initiieren. Es ist sogar die Pflicht der Mitarbeitervertretungen, für die Gesundheit ihrer Kolleginnen und Kollegen einzuschreiten und derartig schändliche Gefährdungen zu unterbinden.

Es wird höchste Zeit!

Mitleid bekommst du umsonst – Neid musst du dir verdienen!

Es ist immer wieder ein zweifelhaftes Unterfangen, in der Diskussion um das Hartz-System auf Einzelfälle abzustellen. Zu schnell wird der Eindruck erweckt, dass es dabei um den Versuch geht, Mitleid zu erheischen. Auf der anderen Seite laufen wir mit solchen Beiträgen aber auch Gefahr, den Befürwortern und verantwortlichen Entscheidern in die Hände zu spielen. Sie dabei quasi aus der Haftung zu entlassen, weil die Erwiderungen vom Kern des Problems ablenken und eine systemische Betrachtung unmöglich machen. Die Vorstände der Bundesagentur für Arbeit, Frau von der Leyen als zuständige Ministerin, der Seeheimer-Kreis in der SPD und die vielen namenlosen Parteisoldaten aus CDU/SPD/DIE GRÜNEN/FDP machen es uns täglich vor, wie willkommen ihnen eine solche Ablenkung ist. Wie die apokalyptischen Reiter versuchen sie uns auf Nebenkriegsschauplätze zu locken, wohl wissend, dass damit unser Widerstand im Sande verläuft.

„Mitleid bekommst du umsonst, Neid musst du dir verdienen." Wir wollen aber kein Mitleid und wir wollen auch keine Geschenke. Wir wollen endlich unser Recht und unsere Würde zurück! Wir lassen uns nicht ablenken und von unserem Weg abbringen. So viele Nebelkerzen können unsere Gegner gar nicht werfen. Wir sind viele und wir werden täglich mehr. Wir werden sie uns packen und zur Rede stellen, werden unsere Argumente vortragen und dabei auch in die notwendigen Details gehen. Wir werden unseren Gegnern die Deutungshoheit entreißen und damit ihre politische Legitimation. Bis dieser Horror ein Ende hat!

Betroffenheit bei denen zu schaffen, die sich des Themas bis heute noch nicht angenommen haben, ist etwas anderes. Ohne emotionale Teilnahme ist ein technokratisches, von menschlicher Kälte beseeltes System nicht zu überwinden. Mir geht jeder Fall, sei es in meiner unmittelbaren Nähe oder ob er mir zugetragen wird, ans Herz. Das will ich nicht verleugnen. In meinem Berufsfeld, in meiner früheren Tätigkeit als Fallmanager, ist die Empathie (das Mitgefühl) unabdingbare Voraussetzung, soll jeder weitere Schritt auch nur die kleinste Aussicht auf Erfolg haben. Ohne Seele verkommt der Mensch zu einer Maschine, die selbst das grausamste System noch bedient. Das dürfen wir nicht zulassen!

Ich protokolliere heute die Geschichte einer jungen Frau, die inzwischen vom Hungertod bedroht ist. Es sind nicht allein biografische Ereignisse, sondern auch die gesellschaftlichen Umstände, die Menschen in Notsituationen bringen. So ist es auch dieser jungen Frau ergangen.

Sie ist früh Mutter geworden, hat während der Schwangerschaft die Ausbildungsstelle aufgeben müssen und ist so in die Fänge des Hartz-Systems gelangt. Durch das nun zuständige Jobcenter (JC) wird sie unmittelbar in eine „Feststellungsmaßnahme" vermittelt, um ihre Ausbildungsfähigkeit einzuschätzen. Das, obwohl sie gerade wegen einer Risikoschwangerschaft aus einer Ausbildung ausgeschieden ist. Bis heute, fast fünf Jahre danach, sollte sie keinen weiteren Vermittlungsvorschlag erhalten, auch die Beratungsleistung des JC ist nicht der Rede wert.

Dabei wäre unsere alleinerziehende Mutter auf jede Unterstützung angewiesen. Es sind ehrenamtliche Helferinnen und Helfer, die den staatlichen Mangel auszugleichen suchen. Die stoßen aber schnell an ihre Grenzen, ihnen fehlen die Ressourcen, um das Elend nachhaltig zu beseitigen.

Statt zu helfen habe das JC sie regelrecht schikaniert. Zeitweise bekam sie fünf bis sechs Schreiben täglich, oft in sich widersprüchlich. Dadurch sei sie zusätzlich unter enormen Stress und Druck geraten und habe irgendwann den Überblick verloren. Zunehmend hat sie Angst bekommen, hat sich kaum noch heraus getraut, geschweige denn ins JC. Immer weiter hat sie sich zurückgezogen, von innerer Unruhe zerfressen. Alles Symptome einer schweren Depression, hat ihr mal einer gesagt, der von psychischen Leiden etwas versteht.

Aber auch der Regelsatz reichte nie, schon gar nicht für eine regelmäßige und gesunde Ernährung. Das Kind benötigt dringend diätetische Kost, die im Regelsatz nicht vorgesehen ist. Anträge auf Mehrbedarf wurden regelmäßig durch das JC abgeschmettert, indem sie gar nicht erst angenommen wurden. Das ist natürlich rechtswidrig, aber wer verhilft einer jungen Mutter schon zu ihrem Recht!?

Das Heizen war inzwischen auch deutlich teurer geworden, auch diese Entwicklung berücksichtigen die Regelsätze nicht. Geheizt werden muss trotzdem, es entstehen Kosten, die nicht gedeckt werden können. Es wird am Essen gespart, der Kuchen wird kleiner, vor allem das Kind braucht doch eine gute Ernährung. Also verzichtet die Mutter, sie wiegt heute noch 44 Kilo bei einer Körpergröße von 1,70 m. Die ehrenamtlichen Retter schleppen sie schließlich zum Arzt, der einen ernst zu nehmenden Gesundheitszustand diagnostiziert, der schon bald zu dauerhaften Schäden führen wird.

Auch eine Verwandte hat sich engagiert und ist mit einem kleinen Darlehn zur Seite gesprungen. Pflichtgemäß hat die verängstigte Mutter dies dem JC mitgeteilt. Nun wird die Regelleistung um den Darlehnsbetrag gekürzt. Mit Hinweis auf das sozialrechtliche „Zuflussprinzip."

Es sieht schlecht aus in diesem Einzelfall. Mal wieder ist einiges schiefgelaufen und die Erwartungen für die Zukunft lassen auch nichts Gutes erahnen. Da hilft auch kein Nachfragen, keine noch so schöne interne Evaluation (Auswertung) der BA. Nicht solange alles aufrechterhalten wird, nicht solange das Hartz-System als gültiges Recht gesehen wird.

Schluss damit, gebt den Menschen endlich ihre Würde zurück!

Es reicht – Schluss mit dem Hartz-Terror!

Ich kann nicht mehr. Mir platzt der Kragen. Wie so vielen von uns.

Nein, es ist nicht das Wasser, das mir bis zum Halse steht. Es ist diese Wut, dieser Zorn, die den Druck in mir ausmachen. Wut oder Zorn, ich schwanke hin und her, weiß das eine nicht so deutlich von dem anderen zu differenzieren. Georg Schramm, der Kabarettist, erklärt uns das, zitiert locker mal einen Papst aus dem 7. Jahrhundert. Schramm, der kann das, der Mann ist Psychologe „von Haus aus", wie wir umgangssprachlich sagen.

Ich jedoch will Wut und Zorn gar nicht so deutlich trennen, in mir herrscht eine Melange aus beidem. Aus Wut und Zorn. Dem ungerichteten Wüten (einem Gemütsausdruck) und meinem unbändigen, sehr gezielten Aufbegehren. Der Zorn, der gründet tief, kennt einen Gegner, einen Feind sogar!

Ich spüre, wie mich die Wut, dieser Gemütsausdruck, fesselt,

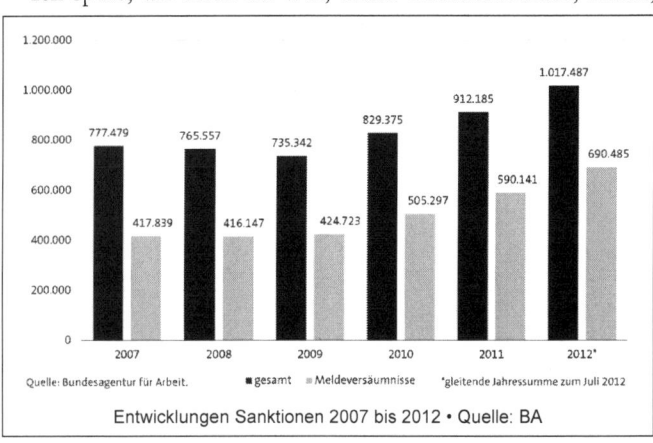

Entwicklungen Sanktionen 2007 bis 2012 • Quelle: BA

mich abhält, dass zu tun, was ich mir zornig vorgenommen habe. Ich wollte weiterschreiben, über das Unrecht, das das Land in seine Gewalt genommen hat.

Ich will es nicht glauben, dass die erkennbare Verrohung unserer Gesellschaft, die sich m. E. ganz besonders im Hartz IV-Unrechtssystem eingeschlichen hat, allein meiner subjektiven Wahrnehmung geschuldet ist. Fast täglich erreichen uns neue Horrorgeschichten, die qua Verwaltungsakt in die Welt gesetzt werden:

So mussten wir in den letzten Tagen erfahren, dass die Jobcenter Mahnschreiben und Schuldenbriefe selbst an minderjährige Kinder in Hartz IV-Bedarfsgemeinschaften verschicken. Auch hier handeln die Behörden offensichtlich höchst rechtswidrig, hat doch das BVerfG Ende der 90iger Jahre Pfändungen bei Kindern und Jugendlichen eindeutig untersagt. Danach darf niemand, auch kein Jobcenter, bei Kindern und Jugendlichen Schulden eintreiben. Diese Rechtsauffassung ist durch die Rechtsprechung des Bundesverfassungsgerichtes (BVerfG), des Bundessozialgerichtes (BSG) sowie durch § 1629a BGB hinreichend gesichert.

In Halle (Saale) schickt das Jobcenter den Gerichtsvollzieher los, um sage und schreibe über 4000 € bei einer jungen Leistungsempfängerin einzutreiben. Die seinerzeit schwangere Frau hatte zusätzliche Leistungen für die Baby-Erstausstattung sowie für Schwangerschaftskleidung beantragt, die Leistung wurde aber nie bewilligt! Wenig später wurde ihr Kind tot geboren, dem Jobcenter wurde dieses tragische Ereignis umgehend mitgeteilt. Dennoch bestand die Behörde auf ihre Forderung, völlig unbegründet und rechtswidrig. Welcher psychischen Belastung die junge Frau damit ausgesetzt wurde, dürfte für Außenstehende kaum ermesslich sein.

Im Kreis Höxter werden offensichtlich Alleinerziehende systematisch unter Druck gesetzt. Es liegen glaubwürdige Berichte über Schikanen vor, selbst wenn Kleinstkinder schwer erkrankt sind, werden Mütter dazu gedrängt, eine Arbeit aufzunehmen. Im vorliegenden Fall ist das Kind erst zwei Jahre alt, nach dem Gesetz ist die Erziehungsberechtigte gar nicht zur Arbeitsaufnahme gezwungen. Auch hier ein klarer Verstoß gegen geltendes Recht, verübt von Behördenmitarbeitern, die offenbar willfährig den Anweisungen ihrer Vorgesetzten folgen.

An anderer Stelle wird eine Leistungsempfängerin dazu aufgefordert, ihre hochbetagte und lebensbedrohlich erkrankte Mutter auf das Erbpflichtteil zu verklagen und dieses aufzuzehren, bevor die Börde auch nur gewillt ist, den Antrag auf Leistungen nach dem SGB II anzunehmen. Ohne jegliche Rechtsgrundlage, bar jeder Verwaltungsvorschrift und eindeutig rechtswidrig.

Ich will an dieser Stelle gar nicht erst auf die Sanktionspraxis im SGB II eingehen, auch diese ist nach der gängigen Rechtsprechung nicht mit geltendem Recht vereinbar. Auch will ich hier nicht noch einmal erwähnen müssen, dass die Mietkosten flächendeckend nicht den tatsächlichen Bedarfen angeglichen werden, trotz jüngster höchstrichterlicher Entscheidungen. Ich will gar nicht mehr darauf hinweisen müssen, dass geschätzten 700.000 Haushalten in diesem Jahr die Energielieferungen eingestellt wurden, weil diese aus den zugebilligten Leistungen nicht zu finanzieren sind. Wir lesen zunehmend von Todesfällen, von Menschen die verhungern oder erfrieren, wer aufmerksam hinschaut, kann unschwer erkennen, dass die Zahl der Obdachlosen erschreckende Ausmaße annimmt.

Wir finden also unzählige Beispiele für Willkürentscheidungen und offenen Rechtsbruch durch die Jobcenter. Dabei unterliegen Beamte doch einer besonderen Pflicht zur Rechts- und Verfassungstreue, wie sich aus der Rechtsprechung des Bundesverfassungsgerichts ergibt. Aber im Rechtskreis des SGB II scheinen alle elementaren Rechtsgrundsätze außer Kraft gesetzt.

Ich habe bereits an anderer Stelle die Frage aufgeworfen, ob Politiker auch nur eine Ahnung davon haben, was Verwaltungsbeamte aus einem Gesetz machen können. Doch diese Frage kann heute keiner Entlastung der Politik mehr dienen, zu deutlich sind die Folgen, als dass sie übersehen werden könnten. Und dennoch schweigen die Verantwortlichen!

Egal ob Wut oder Zorn unser Motor ist, wir sollten die Täter aus ihren Ämtern und Mandaten jagen.

Es reicht!

Exkurs: Sozialpsychologische Aspekte des Hartz-Systems

Wir dürfen bei der Betrachtung des Hartz-Systems die (sozial-) psychologischen Aspekte nicht außer Acht lassen, sollten sehr genau hinschauen, was das tägliche Unrecht mit und aus den Menschen macht. Mit und aus uns allen, mithin 82 Millionen betroffenen Bürgerinnen und Bürgern.

Wieso alle? Nun, da sind die unmittelbar Betroffenen, die ich hier in aller Deutlichkeit Opfer nenne. Da sind die Planer, auch Gesetzgeber (Legislative) genannt. Da sind die ausführenden Mitarbeiterinnen und Mitarbeiter in den Jobcentern (JC) und weiteren Behörden (Exekutive). Da ist das Heer an Rechtsanwälten und Richtern, die täglich auf der Suche nach dem Recht sind (Judikative). Da ist aber auch die verbleibende Masse, auch Opfer, weil auch ihre Arbeits- und Einkommensverhältnisse gefährdet sind. Auch Täter, weil schweigend wegschauend, ohne Mut, endlich aufzubegehren und laut „Nein" zu sagen. Auch die Unterlassung bleibt doch eine Sünde!

Dringend geboten ist es, die psychosozialen Aspekte des Hartz-Systems zu beleuchten. Das haben wir aus der Geschichte gelernt, zuletzt durch die perfide Organisation nationalsozialistischer Verbrechen an die Menschlichkeit. Das war und ist nicht gottgewollt. Wie immer sind es Menschen, die Systeme entwickeln, ausbauen und mit Seele füllen. Im Guten wie im Schlechten.

Es war ein Nachmittag im Jahre 2007, cirka zweieinhalb Jahre nach dem Start des Hartz-Systems, als ich auf einem Briefing[1] vor Empörung kaum mehr Luft bekam. Direkt aus der Zentrale der Bundesagentur für Arbeit (BA) wurde dort berichtet, dass ab sofort bundesweite Benchmarkings[2] durchgeführt würden. Zu unterschiedlichen Kriterien über die Arbeit der Jobcenter, meist harte Kriterien, also zählbare Fakten. Über die weichen Kriterien, wie etwa die Qualität der Vermittlungsleistung oder die Professionalisierung eines fördernden Fallmanagements, war schon zu diesem Zeitpunkt kaum noch die Rede.

Hart sollten sie also sein, die Kriterien für den bundesweiten Wettbewerb, sehr hart sogar. Neben Zahlen zu den Vermittlungen in Arbeit, in Maßnahmen, in Berufsvorbereitungen und Ähnlichem wurden bei sommerlichen Temperaturen doch tatsächlich auch die Sanktionen als Kriterium ausgemacht. Das schlug dem Fass den Boden aus, ich bekam den Mund nicht mehr zu.

Wie bitte, was wurde da gerade von ganz oben verkündet? Ihr bestreitet nun einen Wettbewerb der Verelendung? Wer sanktioniert am dollsten, wer lässt am meisten hungern, frieren, verzweifeln und erhängen? Immer höher, immer toter, immer unmenschlicher? Oh, ihr wollt nicht die rote Laterne bei diesem Wettstreit!? Immer vorne mit dabei, immer unter den Ersten wenn es darum geht, die richtig großen Sauereien durchzuziehen? Im Verborgenen, versteht sich, hinter den Kulissen, bitte nicht im Lichte der Öffentlichkeit!

....

[1]   Treffen des Kollegiums, in denen neue Dienstanweisungen, Verordnungen und Zielvorgaben bekanntgemacht werden.

[2]   Vergleichende Analyse von Ergebnissen oder Prozessen mit einem festgelegten Bezugswert oder Vergleichsprozess.

Mit Start des Hartz-Systems im Januar 2005 habe ich eine Menge administrativen Chaos' erlebt, „Try and Error" (noch ein Versuch, nochmals scheitern) stand auf der inhumanen Tagesordnung. Wen wundert es, trotz aller „Reformen" bot und bietet der „Markt" ja nicht die benötigten Erwerbsmöglichkeiten für Millionen Abgehängte. Dennoch differenzierte sich das System über die Jahre immer weiter aus. Schon bald ging es nicht mehr um die Vermittlung in reguläre Beschäftigung oder die Befreiung von der Abhängigkeit staatlicher Transferleistungen. Kontrolle, Gängelung und Bevormundung der Betroffenen rückte in den Fokus der Akteure, Ausgrenzung auf Deubel komm heraus heißt seitdem die kollektive Losung.

Das System gliedert bestimmte Zielgruppen aus. Die unter 25-Jährigen standen von Anfang an unter besonderer Beobachtung, aus „pädagogischen Erwägungen", wie die verantwortlichen Politiker sach- und fach*un*kundig formulierten. Mit deren Euphemismen gesprochen, „sollte niemand auf der Strecke bleiben".

Weitere Zielgruppen wurden schon früh isoliert, das gilt insbesondere für die alleinerziehenden Mütter und Väter. Sie sind aufgrund ihrer prekären und angespannten Lebenssituation willkommene Opfer eines autoritären Systems, das sich doch nur über ein „wir hier oben, ihr da unten" ein schäbiges Selbstverständnis erstreitet. Ähnliche Sonderbehandlungen müssen die jungen Erwachsenen in der Phase des Übergangs von Schule und Beruf ertragen, oder auch die älteren Erwerbslosen über fünfzig Jahre, denen die Politik zeigen will, dass die Lebensarbeitszeit verlängert werden muss. Niemand soll doch auf der Strecke bleiben.

Das gesamte System ist auf Entwürdigung und Entmündigung ausgelegt, es ging nie um das Fördern von Menschen in schwierigen Lebenssituationen, sondern um bloßes Fordern. Wie sonst wäre es zu erklären, dass in derart sensible Arbeitsbereiche Tausende ehemalige Telekombeamte eingesetzt werden. Oder die frischgebackene, blutjunge Absolventin einer Fachschule, bar jeder Lebenserfahrung. Oder die frustrierte und völlig desillusionierte Sachbearbeiterin, die vorher im Ordnungsamt für den ruhenden Verkehr und für die öffentlichen Toiletten zuständig war. Solchen „Experten" ist es im Hartz-System vom Gesetzgeber her erlaubt, gestandenen Persönlichkeiten Lebenspläne vorzuschreiben und ihnen bei Gelegenheit die Existenzberechtigung zu entziehen.

Nein, erlaubt ist das natürlich nicht, nicht vom Standpunkt einer am Menschen orientierten, humanistischen Sozialpsychologie aus.

Sozialpsychologie: Unser Erleben und Verhalten wird von sozialen Beziehungen bestimmt

Die Sozialpsychologie ist ein Teilgebiet der Psychologie wie auch der Soziologie. Führende Vertreter dieser geistes- und sozialwissenschaftlichen Forschungsansätze waren neben dem Begründer der Psychoanalyse Sigmund Freud der österreichische Psychiater und Soziologe Wilhelm Reich sowie der deutsche Philosoph und Psychologe Erich Fromm. Innerhalb der „Frankfurter Schule" waren es Theodor W. Adorno und Herbert Marcuse, die bahnbrechende Studien zum autoritären Charakter und zur Wechselwirkung zwischen Triebstrukturen und gesellschaftlichen Entwicklungen verfassten.

Die Sozialpsychologie geht von zwei Grundannahmen (Axiomen) aus: 1. Der Mensch konstruiert sich seine Realität und 2. sein gesamtes Erleben und Verhalten wird von sozialen Beziehungen beeinflusst und bestimmt. Es sind also immer die sozialen

Aspekte, die im Forschungsinteresse stehen, Fragen nach der Bedeutung von Gruppen und sozialen Rollen, nach Gruppendenken und Gruppendynamik, Fragen um die Konformität (Anpassung) und um die Menschenführung. Da die Psychologie immer eine normative Wissenschaft war, stellt sie selbstverständlich auch die Frage nach den Wertvorstellungen und nach den moralisch-ethischen Normen, die dem menschlichen Verhalten zugrunde liegen.

Der autoritäre Charakter

Das Konzept des autoritären Charakters geht auf Erich Fromm zurück, der es bereits in den 30iger Jahren des 20. Jahrhunderts am Frankfurter Institut für Sozialforschung unter der Leitung von Max Horkheimer entwickelte. Darin beschreibt Fromm eine Persönlichkeitsstruktur, deren Sozialverhalten durch Vorurteile, durch extremen Gehorsam gegenüber jeder noch so vermeintlichen Autorität, als auch durch konsequente und bedingungslose Anpassung geprägt ist.

Humanwissenschaftler wie Wilhelm Reich u. a. erkannten in dieser (krankhaften) Persönlichkeit den Nährboden für die Massenpsychologie des Faschismus. Erich Fromm wiederum prägte den Begriff des „Sozialcharakters" bzw. „Gesellschaftscharakters", der im Unterschied zum „Individualcharakter" nur eine Auswahl von Eigenschaften umfasse, nämlich jenen Eigenschaften, die durch die gemeinsame Lebensweise und Grunderlebnisse, durch die gesellschaftstypischen Erwartungen, durch die Anforderungen an ein angepasstes Verhalten bzw. durch die Unterdrückung von abweichendem Verhalten vermittelt werden.[3]   Dem gegenüber stehe jedoch das Streben nach Freiheit und Gerechtigkeit als

....
[3]   http://de.wikipedia.org/wiki/Autorit%C3%A4rer_Charakter

angeborener Wesenszug des Menschen. Viele Menschen seien dieser Freiheit jedoch nicht gewachsen, bzw. haben durch Erziehung einen Sozialcharakter erworben, der an Macht und Gehorsam orientiert sei. Die Anpassung ertrage keine Andersdenkenden und keine pluralistische Welt. Als typische Züge des autoritären Charakters nannte Fromm die Unterwürfigkeit gegenüber Autoritätspersonen, außerdem Destruktivität (Zerstörungslust) und Selbsterhöhung. Solche Menschen bewundern die Autorität und streben danach, sich ihr zu unterwerfen. Gleichzeitig wollen sie selbst Autorität sein und sich andere gefügig machen.

Aus psychoanalytischer Sicht bildet sich der autoritäre Charakter aus, wenn aggressiv-triebhafte und andere Bedürfnisse des Kindes durch erzieherische Maßnahmen zu stark unterdrückt und schließlich auf andere Menschen, sozial Schwächere oder Minderheiten gerichtet werden. Aus sozialpsychologischer Sicht werden vor allem die von der Familie und anderen sozialen Bezugsgruppen übernommenen Denkmuster hervorgehoben, also Einstellungen und Vorurteile aufgrund des fehlenden oder falschen Wissens über andere Personengruppen.

Entwicklungspsychologisch betrachtet sind es misslungene Ablösungsversuche von den Eltern, die in einer unzureichenden Identitätsfindung und Selbständigkeit münden, sodass eine autoritär strukturierte Abhängigkeit fortbestehen bleibt. Aus Sicht der differenziellen Psychologie ist das Zusammenwirken einer Verhaltensbereitschaft (Disposition) und einer „passenden" Auslösesituation wichtig, um verständlich zu machen, dass autoritäres Verhalten von der individuellen Disposition und der jeweiligen Situation abhängt.[4]

....
[4]   vgl.: http://de.wikipedia.org/wiki/
       Autorit%C3%A4re_Pers%C3%B6nlichkeit

Derart „passende Auslösesituationen" haben die Politikerinnen und Politiker mit der Verabschiedung des SGB II und mit der Etablierung des Hartz-Systems für mehr als Hunderttausend Mitarbeiterinnen und Mitarbeiter hinreichend geschaffen. Ob sie wohl wissen, was sie tun!?

Jobcenter: Ideales Trainingsgelände für „Radfahrer"

„Selbst der einfache Mann hat noch Objekte zur Verfügung, die schwächer sind als er und die zu Objekten seines Sadismus werden. Frauen, Kinder und Tiere spielen in dieser Hinsicht eine äußerst wichtige sozialpsychologische Rolle. Wenn sie sich als nicht ausreichend erweisen, werden Objekte des Sadismus gleichsam artifiziell geschaffen, sei es dadurch, dass man Sklaven oder gefangene Feinde, sei es, dass man Klassen oder rassenmäßige Minoritäten in die Arena wirft. Die sadistischen Circenses mussten immer eine umso größere Rolle spielen, je knapper das Brot war und je mehr die reale Hilflosigkeit der Menschen zu einer Verstärkung der sadomasochistischen Charakterstruktur führte. In der autoritären Gesellschaft wird die sadomasochistische Charakterstruktur durch die ökonomische Struktur erzeugt, welche die autoritäre Hierarchie notwendig macht."[5]

Organisationen wie Behörden, Ämter und Einrichtungen des öffentlichen Rechts sind geradezu die Brutstätte des Autoritarismus, in ihnen fühlt sich der autoritäre Persönlichkeitstyp pudelwohl. Streng hierarchisch gegliedert, findet dort der „Radfahrer" ein ideales Trainingsgelände. Er tritt nach unten und buckelt nach oben, was nicht selten schon an der Körperhaltung der (meist blassen) Sportler zu erkennen ist. Geradelt wird am liebsten im

....

[5]   Fromm, Erich: Studien über Autorität und Familie. Sozialpsychologischer Teil. (1936) – in: Fromm, Erich, Gesamtausgabe, Bd.1.: Analytische Sozialpsychologie, Stuttgart 1980, S. 141-187

Peloton, in einer geschlossenen Gruppe, damit sich niemand aus der Deckung wagen und Gegenwind erwarten muss. In solchen Gruppen bilden sich grundsätzlich eigene Dynamiken, wie nicht nur Psychologen, sondern auch Historiker seit Langem wissen. Sie haben derartige Massenphänomene hinreichend untersucht und beschrieben, als sie versuchten, die Infizierung ganzer Gesellschaften mit dem tödlichen Virus des Autoritarismus und des Faschismus zu erklären.

Unter dem Schlagwort „Neue Steuerung" ist diese amtliche Kultur der menschlichen Kälte und des Egozentrismus in den letzten Jahren dramatisch angewachsen. „Diese waren wohlgemeint, haben aber m. E. zum Missverständnis beigetragen, dass öffentliche Einrichtungen wie ein Wirtschaftsunternehmen mit Zielvereinbarungen und variabler Vergütung geführt werden und effizienter gemacht werden können."[6] Für einen gestandenen Arbeitnehmervertreter und langjährigen Personalratsvorsitzenden ist es bis heute mehr als schmerzlich, dass sich selbst die Gewerkschaft ver.di im Jahre 2007 mit der Zustimmung zum neuen Tarifvertrag öffentlicher Dienst (TVöD) auf solch unheilvolle Entwicklungen einließ.[7]

....

[6]   Dieser Hinweis erreichte mich über eine Korrespondenz mit dem Psychologen Prof. Michael Krämer von der Fachhochschule Münster/Westf., dem ich an dieser Stelle nochmals meinen herzlichen Dank aussprechen möchte.

[7]   Mit dem § 18 TVöD ist erstmals eine individuelle Erfolgsprämie im Gehaltsgefüge des öffentlichen Dienstes eingeführt worden. Demnach wird jährlich ein festgelegter Teil der Gesamtpersonalkosten z. B. eines Jobcenters nach systematischen Leistungsbemessungen oder nach vorherigen Zielvorgaben ausgeschüttet.

Die Leiden der Opfer

Die Opfer des Hartz-Systems sind wir alle, 82 Millionen Bundesbürgerinnen und Bürger. Schon bald werden es weitere Millionen sein, dann, wenn vom deutschen Wesen einmal mehr ganz Europa soll genesen.

Die unmittelbar Betroffenen, auf staatliche Transferleistungen angewiesenen, werden tagtäglich entrechtet, gedemütigt und entmündigt. Sie werden ihres Selbstbestimmungsrechts entraubt, ihnen wird das Recht auf eine freie Entfaltung ihrer Persönlichkeit genommen. Mit fatalen Folgen – nicht nur für ihre seelische Gesundheit.

Reaktive Depressionen werden so zur Pandemie. Die klassische Psychologie beschreibt diese Erkrankung als eine Anpassungsstörung, sie entsteht als direkte Antwort auf ein für den Erkrankten belastendes Ereignis im Leben. Dieses kann ein Verlust eines nahestehenden Menschen sein, eine Trennung vom Partner, eine Scheidung oder auch eine Kränkung. Weitere Auslöser können aber auch die Erwerbslosigkeit oder der Übergang in die Rente sein. Ständige Kränkungen und Beleidigungen, die das Selbstwertgefühl verletzen, können ebenfalls eine solche Störung auslösen. Menschen, die an einer reaktiven Depression leiden, sind in der Regel resigniert, antriebslos, verängstigt und verunsichert. Je nach Veranlagung können sie sehr lethargisch, sehr reizbar oder auch sehr aggressiv werden.

Jeder Erwerbslose im Hartz-System wird diese Krankheitssymptome aus dem eigenen Erleben kennen. Wer nach hundertfachen, erfolglosen Bewerbungsbemühungen, nach mehrfacher sinnloser Maßnahme, nach systematischer Demütigung und Ausgrenzung eines Tages jede Hoffnung aufgibt, dem muss der permanente

Anwurf, er wolle ja wohl nicht, denn wer arbeiten wolle, der finde auch eine Stelle, dem muss der täglich kolportierte Zynismus wie ein weiterer Schlag ins Gesicht vorkommen. Dieser Mensch wird aber auch dauerhaft krank und lebensmüde, er hat schon bald keine Perspektive mehr auf ein menschenwürdiges Leben.

Leiden auch die Täter?

Auch hier ist das Maß des vermuteten Leids abhängig von den persönlichen Dispositionen des Täters, von seinem Welt- und Menschenbild. Der oben beschriebene autoritäre Charakter (der wohl am häufigsten in den JC anzutreffen ist) dürfte in einer Kultur des Tretens und des Buckelns geradezu aufblühen.

Schenken wir den jährlich durch die Techniker-Kasse ausgewiesenen Zahlen zu den stetig wachsenden psychischen Erkrankungen der JC-Mitarbeiter Glauben, so sollten wir nicht übersehen, dass an diesen Arbeitsplätzen auch noch Menschen mit einem intakten Seelenleben sitzen. Unermesslich für jeden Außenstehenden dürfte die psychische Not dieser Kolleginnen und Kollegen sein, die den täglichen Widerspruch zwischen dem beruflichen Handeln und den eigenen moralischen Wertvorstellungen nicht dauerhaft aushalten können. Auch ihnen drohen schwerste und lebensbedrohliche Erkrankungen. Es wäre mehr als wünschenswert, wenn sich die Personalvertretungen in den JC dieser Thematik endlich annehmen würden, schließlich ist die Gesundheitsfürsorge für ihr Kollegium eine ihrer vornehmsten Pflichten!

Kann denn Unterlassung Sünde sein!?

Oh ja, die Unterlassung kann nicht nur Sünde sein, ihr Übergang zur Tat ist sogar fließend. Es darf in einer freiheitlich-demokratischen Grundordnung nicht länger geduldet werden, dass sich schon wieder eine Kultur des Wegschauens etabliert. Schon bald will einmal mehr niemand mitbekommen haben, welches Unrecht sich wie ein Krebsgeschwür durch unsere Gesellschaft frisst.

Für den Appell „wehret den Anfängen" ist es zehn Jahre nach Einführung des Hartz-Systems nun schon reichlich spät. Aber hinschauen sollt ihr alle, liebe Mitbürgerinnen und Mitbürger. Lasst Euch nicht weiterhin durch den verblödenden Boulevard das Hirn benebeln, reißt Augen und Ohren auf und öffnet endlich Eure Seelen. Sagt laut und unmissverständlich „Nein, so nicht!". Jetzt, sofort und zur nächsten Bundestagswahl erst recht. Keine Stimme für die Täter, nie wieder!

Brief an die Ministerin

Sehr geehrte Frau Ministerin,
verehrte Frau Dr. Wärme,

Erklären Sie doch bitte einem Vater von drei Kindern, wie er in einem durch Sie bis zum Exzess betriebenen, ausufernden Niedriglohnsektor seine Kinder ernähren und Ihnen eine Zukunft bieten soll. Ich spreche an dieser Stelle gerne auch von moderner Sklavenarbeit, den sie als Medizinerin wie eine Krebsgeschwulst nicht nur über Deutschland, sondern über Europa gedeihen lassen. Wie der belgische Wirtschaftsminister Johann Vande Lanotte in diesen Tagen in einer Beschwerde an die EU-Kommission formulierte.

Wie mein Vater, wie unser Vater über die Runden kommen soll, seine Kinder ernähren und Ihnen eine Zukunft bieten soll, das beantworten Sie uns nicht, Frau Ministerin. Für Soziales, für Sklavenarbeit. In diesen Tagen bleiben Sie immer noch davon überzeugt, dass die neueste Spielart der Entmenschlichung – Sie nennen das „Werkverträge" – „dem Grunde nach" ok sei. Sie bleiben ja immer kühl in ihrer Argumentationslinie, in Ihrer Darstellung der Notwendigkeiten.

Sie wollen Wärme ausstrahlen? Und sind dabei eiskalt? Sie sind nicht authentisch, Frau Ministerin, wir haben das längst erkannt. Trotz gekaufter und gleichgeschalteter Presse, diesen Meinungsmachern, die das Orwellsche etabliert haben. Zu etablieren geglaubt haben. Wir lassen uns nicht länger „Idioten" auf die

Stirn schreiben, das macht uns mächtig böse. Uns, einer wachsenden Gegenöffentlichkeit, hier, in Deutschland, aber noch mehr in Europa. Sie werden damit nicht länger durchkommen, verehrte Frau Ministerin. Sie stehen unter Druck, jetzt schon, Sie werden Ihr böses und finsteres Spiel nicht länger betreiben können. Ich meine es gut mit Ihnen, treten Sie rechtzeitig und ziehen Sie sich in die Einsamkeit zurück. Wo Sie hingehören, weil Ihre Seele schon immer einsam war. Sie sind nicht warm, Frau Doktor, sie sind eiskalt. Ich bedaure Sie dafür, mit warmen Herzen.

Wir, diese täglich wachsende Gegenöffentlichkeit, haben es ja trotz der Gleichschaltung (die ist ein Wesensmerkmal autoritärer, auch faschistisch genannter Systeme immanent) erkannt. Aus welchem „Stall" sie kommen, wessen Hafer Sie gefressen haben und immer noch fressen. Da ist doch noch Ihr Vater. Okay, der ist heute dem Vernehmen nach schwer dement und pflege- und bedürftig. Als Humanisten (auch als Christen) sollten wir ihn bei aller Schuld, die er in seinem Leben auf sich genommen hatte, schonen. Wie es jeder Bedürftige doch verdient hätte, nicht nur Ihr Vater, Frau Doktor!

Ja, auch Sie haben ein gewisses Verständnis verdient, auch Respekt, wie jeder Mensch. Jeder Mensch sollte doch Respekt verdienen. Sie sind in diesem autoritären Geist erzogen und groß geworden. Als Erwachsene haben Sie diesen Geist jedoch weiter gepflegt und vermeintlich (fast) perfektioniert. Fast. Wegen der wachsenden Gegenöffentlichkeit. Die wird Sie jetzt stoppen, in Ihre autoritären und seelenlosen Schranken verweisen. Sie werden schon bald, sehr bald, sehr einsam sein. Wie es Ihre Seele schon immer war. Sie tun mir aufrichtig leid, Frau Dr. Eiseskälte!

Treten Sie zurück! Ursula von der Leyen! Bevor es zu spät ist! Für Sie! Für uns!

PS.: Frau Doktor, finden Sie die Zeit, sich diesen Bericht des Magazins „Monitor" anzuschauen. Wenn Ihre Seele einmal mehr kalt und einsam ist. Und Sie vielleicht doch noch in sich gehen wollen! Zirka dreißig Minuten, dann sollten Sie erleuchtet sein. Als gelernte Akademikerin!

http://www.wdr.de/tv/monitor/sendungen/2013/0411/lohn.php5

Jagdszenen aus dem Hartz-Milieu: Nieder mit den Kritikern!?

Wir kennen das schon aus der griechischen Mythologie, auch im Geschichts-unterricht wurde uns beigebracht, was schnell zu Ärger und zu Unheil führen kann. Selbst dem modernen Whistleblower ergeht es in diesen Tagen nicht besser. Ein eingekerkerter Bradley Manning kann ganze Opern davon singen, was denjenigen erwartet, der den Mächtigen den Spiegel vorhält und deren Untaten an das Licht der Öffentlichkeit zerrt.

Ähnlich ergeht es den Kritikern des Hartz-Systems, auch sie ziehen den Unmut der Mächtigen und derer auf sich, die sich selbstherrlich dafür halten. Zwar müssen sie nicht befürchten, ihren Kopf zu verlieren, auch wird kein antiker Gott ihnen zürnen und rachsüchtig bunte Vögel in schwarze Krähen verwandeln. Dennoch erinnert der heutige Umgang mit dem Überbringer der schlechten Nachrichten an die barbarischen und wenig kultivierten Missgriffe längst vergangener Zeiten.

Heute sind die Waffenarsenale der ertappten Täter diffiziler. Zwar sind die Methoden „feiner" geworden, um die Kritiker mundtot zu stellen. Aber deshalb sind sie nicht weniger von Gewalt geprägt und nach gängigem Recht auch kriminell.

Eine beliebte Übung (in der Praxis hinreichend erprobt aber gleichwohl strafbewehrt) ist das berüchtigte Mobbing durch Vorgesetzte und Kollegen. Mobbing steht für den gezielten Psychoterror am Arbeitsplatz. Es geht um regelmäßiges und systematisches Schikanieren, ums Quälen, Verletzen, Demütigen und Zerbrechen des verhassten Kritikers. Das beginnt bei der Schmähung als Nestbeschmutzer, geht über weitere Verbalattacken über zu gezielter Sabotage, zu Verleumdung und Rufmord. In seiner

Reinform zielt das Mobbing immer auf die totale Vernichtung der psychischen und physischen Existenz des ausgesuchten Opfers. Eine verschworene Vereinigung willfähriger Täter hat dabei nur eines im Sinne: Sie wollen ihn endlich und endlöslich loswerden, den unbequemen Kritiker in den eigenen Reihen. Spätestens jetzt entwickeln sich die ursprünglich Beklagten zu notorischen Mehrfachtätern.

Dabei stehen Arbeitgeber in der gesetzlichen Pflicht, jeden Mitarbeiter vor der kleinsten Mobbingattacke zu schützen. Dies ergibt sich schon aus Art.1 („Die Würde des Menschen…") und Art.2 („Jeder hat das Recht auf Leben und körperliche Unversehrtheit") des Grundgesetzes aber auch aus geltenden Bestimmungen des Arbeitsschutzgesetzes. Doch um derartige Bestimmungen schert sich die Meisterriege der Rechtsbeugung und des Rechtsbruchs einen feuchten Kehricht.

In deutlicher Pflicht sind an dieser Stelle die Arbeitnehmervertreter und Personalräte, sie haben in diesen Fällen ohne Wenn und Aber ihren gesetzlichen Auftrag zu erfüllen. Sie müssen sich schützend vor das Subjekt des Vernichtungskrieges stellen, oder sie sind ihres Amtes nicht würdig. Personalräte, die in solchen Situationen lieber wegschauen und Konflikte mit den Tätern scheuen, machen sich nicht allein rechtlich strafbar. Auch moralisch machen sie sich schuldig. Denn jede Unterlassung ist und bleibt eine Sünde!

Apollon soll nach der griechischen Mythologie einen bunten Vogel, der ihm unangenehme Nachrichten überbrachte, rachsüchtig in einen schwarzen Vogel verwandelt haben, der sodann auch nicht mehr singen, sondern nur noch krächzen konnte.

Millionen Lichter für das Leben – jetzt, sofort!

Liebe Mitbürgerinnen und Mitbürger, liebe Schwestern und Brüder, liebe Menschen,

es reicht, es geht nicht mehr, es ist schon lange nicht mehr zu ertragen. Schon wieder haben Menschen den Freitod gewählt, es werden täglich mehr. Kinder die hungern, die keine Perspektive haben, nicht einmal ins Leben kommen dürfen. Es wird gemeuchelt und gemordet in diesem Land und kaum einer von Euch bekommt es mit, will es mitbekommen.

Ich rede von dem Hartz-Unrecht, von millionenfachem Unrecht. Das geschieht aus „pädagogischen Erwägungen", wie uns fast jeder Bundestagsabgeordnete, jedes Mitglied dieser mörderischen Regierung, fast jeder Gewerkschaftssekretär glauben machen will. Ausgerechnet Gewerkschafter, die doch qua Amtes die Vertreter der Ärmsten sein müssen, sollen.

Ich klage sie an, diese Massenmörder. Ja, das seid Ihr, Massenmörder! Lauft mir nicht mehr über den Weg, nie mehr. Es könnte böse für Euch werden, für mich gegebenenfalls auch. Das ist mir aber gleich, Ihr macht mir keine Angst. Ich bin diesen Kampf schuldig, den Millionen zarten Kinderseelen, den verzweifelten Müttern und Vätern, den Benachteiligten und Behinderten, die durch „Fallmanager" Tag ein Tag aus wie ein Stück Dreck behandelt werden. Willkürlich, selbstherrlich, nach Gutsherrenart. Da sind auch noch die Amtsleiter, die Bürgermeister, die Landräte, die Direktoren für Soziales … alles Täter, Massenmörder. Sie alle sind am Genozid beteiligt, sind schuldig, weil sie das Geschäft des Todes aktiv betreiben oder auch nur angestrengt darüber hinwegschauen. Ihr seid alle schuldig, seid Täter – auch Du Frau Kanzlerin, Mutti Ministerin, Frau Doktor, wie Du Dich auch sonst noch schimpfen magst.

Meine lieben Schwestern und Brüder, ich bitte Euch inständig: Kommt mit mir, kämpft mit mir gegen dieses schreiende Unrecht, gegen das tägliche Töten im Auftrag des Staates. Der doch unser ist, Deiner, meiner! Lasst es nicht weiterhin zu, dass diejenigen die das „C" in Namen tragen, die sich „sozial" nennen, „liberal" oder sich mit grüner Farbe tarnen weiterhin wüten können. Überlasst ihnen nicht das Geschäft, das Morden heißt.
Bitte, beteiligt Euch an diesem Kampf, an diesem Widerstand, kämpft mit für den sozialen Frieden in unserem Land. Macht es den Tätern deutlich, dass sie nicht tun dürfen, was sie täglich tun.

Stellt bitte jeden Tag ein Kerzenlicht in Euer Fenster, ein Licht der Solidarität. Bringt bitte Licht in diese Republik, setzt ein Zeichen gegen dieses schreiende Unrecht. Das wird Euch doch gelingen, das ist doch gar nicht schwer. Rettet wenigstens die Kinder, wenigstens diese kleinen, unschuldigen Seelen. Beteiligt Euch an dem Protest, bis das Unrecht endlich ein Ende findet. Fangt damit noch heute an, jetzt, sofort! Es geht um jedes einzelne Leben, um jedes wehrlose Kind.

Bitte, bitte, bitte!!!

Hier sind die Täter zu finden, sie haben alle einen Namen, eine Adresse, ein Postfach. Sie sind alle dokumentiert. Wer Augen hat zu sehen …

http://www.freitag.de/autoren/denihilonihilfit/hartz-iv-sanktionen-abstimmung-im-bundestag

Fordern fördern: „Zielgruppen" im Hartz-System

Seit Inkrafttreten des SGB II im Januar 2005 hat sich ein komplexes System der Verfolgungsbetreuung etabliert, das sich über ständig wechselnde „Zielgruppen" hermacht. In solchen „Zielgruppen" finden sich Menschen, die jeweils spezifische soziologische Merkmale in sich vereinen. Das kann das Alter sein, der Familienstand, bei Gelegenheit einzelne Berufsgruppen, „Wiedereinsteiger" u.v.a.m. Welcher Zielgruppe nun gerade ein besonderes Augenmerk gewidmet wird, ist abhängig von der zentralen Steuerung durch die Bundesagentur für Arbeit (BA) mit Sitz in Nürnberg. Selbst für Insider ist es dabei nicht unbedingt nachvollziehbar, warum die Entscheidung heute auf „Alleinerziehende" oder morgen auf „Mitglieder einer Bedarfsgemeinschaft" fällt. Über die Jahre hat sich eher der Eindruck verfestigt, dass auch hier mit verbundenen Augen in die große Tonne gegriffen wird, immer mit der vagen Hoffnung verbunden, endlich das große Los zu ziehen.

„Try and Error" heißt diese staatliche Lotterie seit Einführung des Systems. Ausgelobt durch die BA und drüber und drunter auf ungezählten politischen Ebenen ausgestaltet. Beeinflusst durch zahlreiche Verbände der freien Wirtschaft, durch eine verwobene Armuts- und Bildungsindustrie, die ihren Namen nicht verdient. Im Hintergrund flankiert durch eine unüberschaubare Expertokratie und einen nicht immer unbefangenen Wissenschaftsbetrieb.

Es geht also drunter und drüber in dem Laden. Ohne jedes eigenes Zutun müssen mehr als 7 Millionen Menschen (Kinder, Frauen, Männer, Alte, Kranke) dieses orientierungslose Chaos ertragen. Was soll's, mag sich mancher Beobachter denken, massenhafte Kollateralschäden waren doch seit der Kriegserklärung und Aufgabe des sozialen Friedens eingepreist. „So what?", denken sich derweil die kalten Zyniker im Hintergrund und backen sich ihr tägliches Ei auf den brennenden Trümmern des Sozialstaates.

Nicht sehen, nicht hören, nichts sagen wollen die uns bekannten Affen. Nicht sehen, welche grausamen Auswirkungen dieses Spiel nimmt, das am Ende keinen Sieger kennen wird. Sie wollen nicht hören, nicht die Klagerufe der Verdammten, nicht das Wimmern ihrer Kinder. Sprechen wollen sie schon gar nicht, jedenfalls nicht über ihr täglich betriebenes Unrecht. Unmenschen agieren lieber im Dunkeln und Verborgenen, sie trauen sich nicht in das Licht der Öffentlichkeit, das wäre ihrem Wesen fremd.

Wie soll sie das kalte Elend denn auch erreichen, in ihren glitzern-den Elfenbeintürmen und warmen Amtsstuben? Wie, wenn die Täter sich nicht dahin trauen, wo es wehtun kann. Die Not und die Angst in den Augen ihrer Opfer sehen sie nicht, sie schauen ja nicht einmal zu ihnen hinab. Das wird den Frontschweinen überlassen, den Fußsoldaten, die in der Truppe den Rang eines Sachbearbeiters oder Fallmanagers bekleiden.

Die „aktivieren" die Zielgruppen, die ihnen graue Herren aus der Ferne vor die Füße werfen. Alleinerziehende Mütter zum Beispiel, gerne auch mit mehreren minderjährigen Kindern in „Bedarfs-gemeinschaft". Sobald das Jüngste von der Brust ist (weit vor jeder gesetzlichen Pflicht), werden sie zu „Informationsgesprä-chen" eingeladen. Mit sanftem Druck wird ihnen vermittelt, dass es doch im eigenen Interesse sei, sich möglichst zügig von der staatlichen Unterstützung zu verabschieden. Wie das gehen soll, wissen nicht einmal die Obristen im Hauptquartier, aber es geht ja auch nicht darum, diesen Familien Perspektiven zu eröffnen. Sie sollen sich allesamt nur vom Trog entfernen, denn wer nicht arbeitet, der soll ja auch nicht essen.

Kinder und Heranwachsende sind ausgesuchte Zielgruppen, „aus pädagogischen Gründen", wie die selbst ernannten Erzieher gebetsmühlenartig verlautbaren lassen. Spätestens ein Jahr vor Ablauf der gesetzlichen Schulpflicht werden auch Jugendliche, fast noch Kinder, zu „Informationsgesprächen" geladen. Dort wird ihnen oft erstmals erklärt, dass sie doch Mitglieder einer Bedarfsgemeinschaft sind, die von den Steuergeldern der Bediensteten im öffentlichen Dienst durchgezogen werden. Blöd, wenn die Eltern diese Umstände den Kindern verborgen haben, aus Scham oder weil sie die Kids nicht belasten wollten. Gut, dass es dafür ein Jobcenter gibt, dort wird den Jugendlichen schon erklärt, dass sie zum unteren Rand der Gesellschaft zählen und sich keine Hoffnung auf ein selbstbestimmtes Leben machen müssen.

Schließen wir für heute den Kreis, nicht alle Beispiele können hier ihren Niederschlag finden. Kreise zu schließen, abzugrenzen und auszugrenzen, bleibt doch die einfachste Übung des Systems. Von der Wiege bis zur Bahre, niemand wird ihm entgehen. Auch nicht die Ü50 (Fünfzigjährige und Ältere). In „zielgruppenorientierten Maßnahmen" lernen sie über mindestens sechs Monate wie die kleinen Kinder. Schlüsselqualifikationen wie pünktlich aufzustehen werden dort vermittelt. Oder dass ein Arbeitstag mindestens acht Stunden hat, lange An- und Abreise noch nicht eingerechnet. Therapeutisch wertvoll werden in solchen Maßnahmen Bilder aus Zeitungen geschnitten und zu lustigen Kollagen zusammengeführt, die sich hinterher niemand anschauen mag. Da erklärt auch schon mal die frischgebackene Absolventin einer Fachschule (sie nennt sich jetzt „Dozentin") dem gestandenen Ingenieur, dass, wer arbeiten will, auch Arbeit findet. Sie hat zwar keine Stellenangebote in ihrem Rucksack, das erwartet ja auch niemand von ihr. Aber ein lebendiges Beispiel für die gepriesenen Chancen am Arbeitsmarkt sei sie doch, die Neueinsteigerin. Für das kommende Jahr zumindest, solange die Maßnahme noch bewilligt ist. Danach wird sich auch die Dozentin an Dozenten wenden, damit es irgendwie weitergeht. Sie muss ja nur wollen. Und in die richtige Zielgruppe passen.

Geheime Pläne – Faule Früchte

Über einen Hinweis von Harald Thomè, Gründungsmitglied des Erbwerbslosen- und Sozialhilfevereins Tacheles e.V. in Wuppertal, bin ich in diesen Tagen auf eine Präsentation zur Geschichte der Arbeitsmarktreformen in Deutschland gestoßen. Unter dem Titel „Geheime Pläne – Faule Früchte" wird hier die Armutsentwicklung in den letzten vierzig Jahren nachgezeichnet. Da grundlegende Änderungen in der Arbeitsmarkt- und Sozialpolitik immer einer langen Vorbereitung für ihre politische Umsetzung bedürfen, lassen sie sich nicht von heute auf morgen durchsetzen. Schon gar nicht, wenn ein Paradigmenwechsel vollzogen werden soll, wie er sich in der Agenda 2010 als (zwischenzeitlicher) Höhepunkt einer Politik der sozialen Konflikte manifestiert.

Ich persönlich verorte die Anfänge der Demontage des Sozialstaates bereits in der Mitte der 70iger Jahre des vergangenen Jahrhunderts. Der aufmerksame Leser wird an dieser Stelle vielleicht stutzen: Richtig, das alles begann schon in der Ära Helmut Schmidt. Deshalb kann ich den andauernden Hype um diesen selbstgefälligen „Elder Statesman" nicht nachvollziehen. Schließlich stellte bereits die sozialliberale Koalition aus SPD und FDP erste Weichen zum Abbau von Arbeitnehmerrechten und für Einschnitte bei den Lohnersatzleistungen.

Es war dann Helmut Kohl, der 1982 die „geistig-moralische Wende" ausrief – und das auch noch bitterernst meinte. Den damaligen Claqueuren sollte schon wenige Jahre später der Jubel im Halse stecken bleiben. Das im gleichen Jahr durch den späteren Bundesbankpräsidenten und Kuratoriumsleiter der „Initiative Neue Soziale Marktwirtschaft (INSM) – einem der führenden neoliberalen Thinktanks – entwickelte „Lambsdorff-Papier" gilt heute als eine Art Drehbuch der Sozialreformen. Bereits dieses Papier zementierte die Richtungsentscheidung weg vom „Interventionsstaat" hin zu „Eigeninitiative und Selbstversorgung." Dieses Konzept zum Pauperismus sollte 2005 in der Schröderschen Parole des „Forderns und Förderns" münden, von der heute nur noch ein jämmerliches „Fordern fördern" übrig geblieben ist.

Ohne Geleitschutz durch andere Politikbereiche wären die Reformen nicht möglich gewesen, ein derartiger Paradigmenwechsel wuchert wie ein Krebsgeschwür und durchdringt mit seinen Metastasen den sozialen Organismus. Flankiert durch die Unternehmenssteuerreform 2000, mit der die großen Konzerne um zig Milliarden entlastet wurden, durch den gewollten Aufstieg des Finanzsektors zur „Fünften Gewalt im Staate" (R. Breuer, ehem. Dt. Bank) und schließlich den Lissabon-Strategien für den „wettbewerbsfähigsten und dynamischsten wissensbasierten Wirtschaftsraum in der Welt" wurde der Siegeszug der Finanzdiktatur in Deutschland und Europa erst ermöglicht. Wer heute auch nur den vagesten Schimmer haben sollte, dass die angedrohte Agenda 2020 von diesem Weg abweichen könnte, der ist nicht nur naiv, dem ist auch nicht mehr zu helfen. Auch dieser nächste Frontalangriff auf den sozialen Frieden ist Teil einer langfristig angelegten Strategie und ein weiterer Schritt zur gezielten Verelendung der Massen. Vertut Euch da nicht!

Die vollständige Präsentation und dezidierte Informationen zur Rolle demokratisch nicht legitimierter Lobbyverbände wie der Bertelsmann-Stiftung finden sich hier:
http://www.harald-thome.de/media/files/10-Jahre-Agenda—geheime-Pl-ne-faule-Fr-chte.pdf

Sehr empfehlenswert: Ständig aktuelle Informationen zur Entwicklung und zu sozialrechtlichen Fragen, finden sich hier:
http://www.tacheles-sozialhilfe.de/
http://www.harald-thome.de/

Exkurs: Bildungstheoretische Aspekte des Hartz-Systems

Wenn es um die Legitimation[1] des gesamten Hartz-Systems, insbesondere jedoch um die ausufernde und völlig inakzeptable Sanktionspraxis geht, hören wir von den verantwortlichen Politikern immer wieder von „pädagogischen Erwägungen". Ganz abgesehen davon, dass diese Damen und Herren wohl selten wissen, wovon sie reden, maßen sie sich in ihrer gesammelten Selbstgefälligkeit eine Kompetenz an, die ihnen in keiner Weise zusteht. Die allermeisten sind schlichtweg keine Pädagogen und dürften sich selbst mit dem eigenen Menschwerden und Menschsein kaum auseinandergesetzt haben. Dennoch verfolgen sie durchaus erzieherische Absichten, wie sich unschwer erkennen lässt.

Jede Wissenschaft ist dem Missbrauch ausgesetzt, das gilt nicht zuletzt für die Humanwissenschaften[2]. Aus ihren Erkenntnissen lassen sich Methoden und Praktiken ableiten, die entweder der Manipulation oder aber der Selbstentfaltung des Menschen dienen. Während die Manipulation und Entmündigung ganzer Generationen eine lange und finstere Geschichte hat, finden modernere Ansätze einer Befreiungspädagogik in der Epoche der

....

[1]   Latein: lex, legis = Gesetz, Rechtfertigung. Juristisch auch Vollmacht, Beglaubigung, Ermächtigung!

[2]   Psychologie, Soziologie, Erziehungswissenschaften

138

Aufklärung[3] und im humanistischen Bildungsideal[4] ihre geistes-wissenschaftlichen Wurzeln.

Pädagogische Erwägungen sollten wir deshalb bei der Betrachtung des Hartz-Systems durchaus anstellen. Ich will dazu an dieser Stelle einige Anstöße geben, wenn diese auch der Gedankenwelt der Befürworter des Systems fremd sein werden.

Zwei herausragende Vertreter der Befreiungspädagogik sind der brasilianische Pädagoge Paulo Freire (1921-1997) und der italieni-sche Philosoph Antonio Gramsci (1891-1937). Sie gelten als un-umstrittene Großmeister ihrer Disziplin. „Freire hat als Pädagoge Hoffnungen geweckt und bestärkt wie nur wenige Menschen in seinem Jahrhundert. Mit seinem dialogischen Prinzip hat er neue Wege der Beziehungen zwischen Lernenden und Lehrenden ge-zeigt. Seine Arbeit stärkte weltweit demokratische Basisprozesse. Er war der Pädagoge der Unterdrückten und vermittelte die Päd-agogik der Hoffnung. Die Sozialpastoral Lateinamerikas und die Theologie der Befreiung wurden von ihm beeinflusst."[5] Gramsci belebt bis heute die akademischen Diskussionen über die Rolle des Intellektuellen in der Gesellschaft. Er war der Überzeugung,

....

[3] Die europäisch-nordamerikanische Aufklärung im 17. und 18. Jahrhundert war eine geistes- und humanwissenschaftliche Epoche, die Immanuel Kant als einer ihrer führender Vertreter so beschrieb: „Aufklärung ist der Ausgang des Menschen aus seiner selbst verschuldeten Unmündigkeit. Unmündigkeit ist das Unvermögen, sich seines Verstandes ohne Leitung eines anderen zu bedienen"

[4] Humanismus ist eine Weltanschauung, die auf die abendländische Philosophie der Antike zurückgreift und sich an den Interessen, den Werten und der Würde des einzelnen Menschen orientiert. Toleranz, Gewaltfreiheit und Gewissensfreiheit gelten als wichtige humanistische Prinzipien menschlichen Zusammenlebens. Vgl.: http://de.wikipedia.org/wiki/Humanismus

[5] http://www.freire.de/

dass alle Menschen intellektuelle und rationelle Talente besitzen und wollte „die Regierten von den Regierenden intellektuell unabhängig machen."[6]

Schwarz wie die Nacht – Pädagogischer Sündenfall im Hartz-System

Dass gerade die Pädagogik über Jahrhunderte dazu missbraucht wurde, Menschen zu beugen, zu zerbrechen und in Abhängigkeiten zu halten, dafür finden wir in historischen Aufzeichnungen Belege zuhauf.[7] Die schweizerische Psychologin Alice Miller (1923-1990) nannte derartige Methoden „Schwarze Pädagogik" und beschrieb damit einen Erziehungsstil, der einen manipulativen und repressiven Charakter hat.[8]

Nach Katharina Rutschky zielt Schwarze Pädagogik auf die Installation eines gesellschaftlichen Über-Ichs in ihrem Opfer, auf die Heranbildung einer grundsätzlichen Triebabwehr in dessen Psyche, die Abhärtung für das spätere Leben und die Instrumentalisierung von Körperteilen und Sinnen zugunsten gesellschaftlich definierter Funktionen. Unausgesprochen diene die

....

[6] Merkens, Andreas, Die Regierten von den Regierenden intellektuell unabhängig machen. Gegenhegemonie, politische Bildung und Pädagogik bei Antonio Gramsci, http://www.wiso.uni-hamburg.de/fileadmin/sozialoekonomie/zoess/Gramsci-arbeiten_Merkens-Text.pdf . Siehe auch: Bernhard, Armin, Antonio Gramscis Verständnis von Bildung und Erziehung, http://www.rosalux.de/fileadmin/rls_uploads/pdfs/Utopie_kreativ/183/183Bernhard.pdf

[7] Siehe u. a.: De Mause, Lloyd, Hört ihr die Kinder weinen, Eine psychogenetische Geschichte der Kindheit, Berlin 1980 und: Ariès, Philippe, Geschichte der Kindheit, München 1998

[8] Miller, Alice, Am Anfang war Erziehung, Frankfurt am Main 1983

Schwarze Pädagogik der Rationalisierung von Sadismus[9] und der Abwehr eigener Gefühle des Erziehers oder der Bezugsperson. Die Schwarze Pädagogik bediene sich dabei der Mittel des Initiationsritus (z. B. einer Todesdrohung), der Hinzufügung von Schmerz (auch seelischem), der umfassenden Überwachung, der Versagung grundlegender Bedürfnisse und eines übertriebenen Ordnungsdrills.[10]

Ein Schelm, wer dabei an die „pädagogischen Erwägungen" notorischer Hartz-Befürworter denkt!

Konzept des bösen Kindes

Schon der Titel der „Maßnahmen zur Aktivierung und beruflichen Eingliederung (MAbE) nach § 16 Abs. 1 SGB II i. V. m. § 45 SGB III" geht vom Konzept des bösen Kindes aus, das aus seiner Faulheit geprügelt werden muss. „Hierunter versteht man Maßnahmen, die geeignet und angemessenen sind, die Eingliederungsaussichten von Ausbildungssuchenden, von Arbeitslosigkeit bedrohten Arbeitsuchenden und Arbeitslosen zu unterstützen. Sie können dazu eingesetzt werden, um die Teilnehmenden an den Ausbildungs- und Arbeitsmarkt heranzuführen, Vermittlungshemmnisse festzustellen, zu verringern oder zu beseitigen, in eine sozialversicherungspflichtige Beschäftigung zu vermitteln, an eine selbständige Tätigkeit heranzuführen oder die Beschäftigungsaufnahme zu stabilisieren."[11]

....

[9] Als Sadismus wird ein Verhalten bezeichnet, mit dem ein Mensch (sexuelle) Lust oder Befriedigung dadurch erlebt, andere Menschen zu demütigen, zu unterdrücken oder ihnen Schmerzen zuzufügen. Therapeuten kennen dafür die Klassifikation nach ICD-10 „F65.5 – Störung der Sexualpräferenz"

[10] vgl.: http://de.wikipedia.org/wiki/Schwarze_P%C3%A4dagogik

[11] http://www.bmas.de/DE/Themen/Arbeitsmarkt/Arbeitsvermittlung/ massnahmen-zur-aktivierung-und-beruflichen-eingliederung.html

Selbstredend verfolgt jede Aktivierungsbemühung auch eine manipulative Absicht. Mit der offiziellen, ministerialen Zielsetzung „Schlüsselqualifikationen" zu „vermitteln", wird der bereits beschriebene übertriebene, sadistische Ordnungsdrill allzu offensichtlich. Es geht um die alten „preußischen Tugenden" wie Gehorsam, Fleiß, Disziplin, Pünktlichkeit, Pflichtbewusstsein, Sparsamkeit und Bescheidenheit die dem darbenden Volk unter Androhung von Sanktionen aufgezwungen werden. Ein Kanon durch protestantisch-calvinistische Moralvorstellungen geprägter Tugenden, die auch schon mal von einer christdemokratischen „Sozialministerin" gläubig adaptiert werden.

Frau von der Leyen pflegt wie ihr Vater, der ehemalige niedersächsische Ministerpräsident Ernst Albrecht (CDU), eine enge Bindung an die evangelische Kirche und an teils dubiose christliche Ideenschmieden. So rühmt sich der Arbeitskreis Christlicher Publizisten e.V. (ACP) anlässlich seines 35-jährigen Bestehens auf seiner Homepage, der „Ministerpräsident a.D. Albrecht war ein besonders geschätzter Ehrengast. Grußbotschaften und Segenswünsche erreichten uns aus vielen Ländern und wurden insbesondere von Bundesministerin Ursula von der Leyen und dem hessischen Ministerpräsidenten Roland Koch übermittelt."[12] Siehe da, auch der Herr Koch tummelt sich in solchen Kreisen, der CDU-Landesfürst, der im Dezember 2004 im Vermittlungsausschuss kurz vor der Verabschiedung des SGB II nochmals kräftig die Daumenschrauben anzog!

Der ACP gilt als ein Verein evangelikaler Publizisten in Deutschland. Der Verein wurde 1972 gegründet und sieht sich als parteiunabhängige, internationale Vereinigung von Personen, deren

....
[12] http://www.apd.info/2007/11/07/arbeitskreis-christlicher-publizisten-feiert-geburtstag/

Ziel eine angemessene Publizierung von biblischen Denk- und Handlungsweisen und der Vertretung christlicher Werte in den modernen Massenmedien ist. Der Verein vertritt eine konservative Theologie, die er als bibeltreu bezeichnet. Dem ACP wurden mehrfach rechte Sichtweisen und die Diskriminierung homosexueller Menschen nachgesagt. Die Evangelische Zentralstelle für Weltanschauungsfragen in Berlin rät laut NDR zu Distanz zu dieser Gruppe. Sie meint gar, der Name sei irreführend, denn seriöse evangelische und katholische Publizisten seien dort nicht vertreten, so die Theologin Claudia Knepper von der Zentralstelle.[13]

Minister für Erziehungsberechtigung

So oder so ähnlich könnten sie also motiviert sein, die besagten „pädagogischen Erwägungen" unserer selbst ernannten Erziehungsberechtigten im Range von Ministern und Gesetzgebern. Ein Schelm wer dabei an Schwarze Pädagogik denkt. Aber kehren wir von den Glaubensfragen zurück zu den knallharten gesellschaftlichen Realitäten und zu dem manipulativen und repressiven Charakter des angewandten Erziehungsstils.

Dessen repressiver Charakter kann bei über einer Million ausgesprochener Sanktionen in 2012, also Kürzungen der Leistungen nach dem SGB II auf weit unterhalb des absoluten Existenzminimums, doch wohl von niemandem mehr ernsthaft bestritten werden. Auch kann die gesellschaftliche Funktion dieser Form der Pädagogik nicht geleugnet werden. Mit der erzwungenen „Eingliederung" in Leiharbeit und in prekäre Beschäftigung sowie mit dem Ausbau des Niedriglohnsektors wird einer wachsenden industriellen Reservearmee eine solche Aufgabe zugeschrieben. Und

....
[13]   vgl.: http://de.wikipedia.org/wiki/Arbeitskreis_Christlicher_Publizisten

das kann wiederum nur funktionieren, wenn auch die Versagung grundlegender Bedürfnisse wie das Recht auf Selbstbestimmung und Selbstentfaltung die Menschen entmündigt und entwürdigt!

Gegenentwurf: Erziehung als Praxis der Freiheit

Der bereits erwähnte brasilianische Befreiungspädagoge Paulo Freire weist zu Recht darauf hin, dass Erziehung niemals neutral sein kann. Sie stellt entweder ein Instrument zur Befreiung oder aber zur Domestizierung des Menschen dar.

„Freire unterstreicht, dass der Mensch das einzige Wesen ist, das das Nicht-Ich zum Gegenstand seiner Betrachtung machen kann. Sein Verhältnis zur Welt ist ein dialektisches, das ‚Anschauen' der Realität führt zu einem dynamischen Prozess, zu einer Handlung. Dieses Handeln an der Wirklichkeit führt dazu, dass der Mensch die Geschichte und Gesellschaft macht, er schafft Kultur!"[14]

„Kultur des Schweigens" als Folge der Unterdrückung

Die allgegenwärtige Manipulation der öffentlichen Meinung ist ein zentrales Instrument der Domestizierung ganzer Völker. Mithilfe zahlreicher Mythen, mit dem Missbrauch des Wortes im Orwell-schen Neusprech wird das Volk betäubt, bis es nicht mehr denken kann. „Beherrschung ist längst verinnerlicht, hat den Charakter einer Tugend angenommen: Der Beherrschte beherrscht sich selbst im Interesse der Herrschenden"[15]

....

[14] Jamir, Sher, Zum Problem des Analphabetismus in Afghanistan, Ursachen, historische Entwicklung und aktuelle Konzepte, Münster/Westf. 1992, S. 139

[15] Lange, E., Die Kultur des Schweigens, in: Freire, P., Pädagogik der Unterdrückten, Hamburg 1980, S. 11

Aber es ist nicht nur das geschriebene oder gesprochene Wort, das zu einer Kultur des Schweigens beiträgt. „Freire sieht z. B. in der Wohlfahrtspflege den Versuch einer massiven Manipulation, da diese von den eigentlichen Ursachen der Probleme der Unterdrückten ablenkt und eher wie ein Betäubungsmittel wirkt. Er unterstreicht, dass für eine echte Revolution – mit dem Ziel wirklicher Befreiung – es notwendig ist, dass das Volk selbst an der Wirklichkeit handelt und diese reflektiert, um sie zu verändern."[16] Die im Dialog und in der öffentlichen Diskussion erzielte Erkenntnis geht demnach dem politischen Handeln voraus. „Die Manipulation ist ein wesentlicher Bestandteil der Praxis der Unterdrückung, denn um zu beherrschen, bleibt dem Herrschenden keine andere Wahl, als dem Volk echte Praxis zu verweigern, ihm das Recht zu verweigern, sein eigenes Wort zu sagen und seine eigenen Gedanken zu denken."[17]

Und, was lernen wir daraus?

Brechen wir also diese Kultur des Schweigens auf, treten wir hinaus auf die Straßen und auf die öffentlichen Plätze, treten wir ein in den Dialog und die Auseinandersetzung mit der gesellschaftlichen Realität. Lassen wir uns nicht von finsteren, schwarzen Kräften unser Recht auf ein menschenwürdiges Dasein rauben. „Nicht die Beherrschung des Menschen durch den Menschen ist das Ziel einer befreienden Erziehung, sondern das Dasein in einer Gemeinschaft, einer solidarischen Welt."[18] Auch wenn es die eisernen Ladys der europäischen Politik nicht wahrhaben wollen, eines wissen wir doch wohl:

....

[16] Jamir, Sher, a.a.O., S. 137

[17] Freire, Paulo, Pädagogik der Unterdrücken, Hamburg 1980, S. 106

[18] Jamir, Sher, a.a.O., S. 140

Es geht auch anders! Erste Ansätze dazu habe ich in diesem Buch aufgezeigt und damit meinen Beitrag in die öffentliche Diskussion gestellt. Mir deucht, die geht gerade erst so richtig los. Wenn dann den Worten auch die Taten folgen, erschließen wir uns schon die lebenswerten Alternativen!

B. Brecht:
„Wer kämpft, kann verlieren.
Wer nicht kämpft, hat schon verloren."

Frühling: Hinaus auf die Plätze und Straßen!

Spürt ihr das auch, riecht ihr den nahenden Frühling? Wie sich die Luft mit Energie füllt? Seht ihr es auch, das sich aufrichtende Leben? Es kommt etwas in Bewegung, nicht wegen der Jahreszeit, aber sie treibt uns empor.

Die Kritik an den herrschenden Zuständen, an zunehmender Prekarisierung und an der Demontage unserer freiheitlich-demokratischen Grundordnung wirkt von den „dauerhaft Überflüssigen" bis in die Restbestände einer hinsiechenden Mittelschicht hinein. Es formiert sich ein (wenn auch bunter, noch unorganisierter aber außerparlamentarischer) Widerstand. Ein Stein kommt ins Rollen, er wird nicht mehr aufzuhalten sein.

Dieser Widerstand wird schon bald seinen Weg außerhalb geschlossener Arbeitskreise, außerhalb parteiinterner Zirkel finden. Er wird den öffentlichen Raum, wird Plätze und Straßen einnehmen.

Überhaupt die Parteien. Was wollen wir von den Großkoalitionären im Parlament erwarten, was können wir von einer Linken erwarten, die bis heute tapfer die Fahne der sozialen Gerechtigkeit trägt? So viel steht fest und kann getrost in die Geschichtsbücher für kommende Generationen geschrieben werden: Von CDU/SPD/DIE GRÜNEN/FDP droht heftiges Ungemach, die Agenda 2020 wurde bereits angedroht. Diese verschworene Vereinigung wird auf lange Sicht nicht der parlamentarische Arm des Volkes sein.

Überhaupt die Parteien. Prinzipienfeste, ihrer politischen Grundüberzeugung treu bleibende Zeitgenossen sehen sich schon lange einer implodierenden Parteienlandschaft gegenüber, der politischen Heimatlosigkeit verdammt. Was waren das für Zeiten, als Grüne noch „ökologisch, basisdemokratisch, sozial und gewaltfrei" skandierten. Was waren das für Zeiten, als Sozialdemokraten noch eine Identität hatten. Was waren das für Zeiten, als Konservative noch konservativ waren. Was waren das für Zeiten, als die Politik noch im Parlament stattfand. So wird es auf den Plätzen und Straßen erschallen. Noch besser: Wir sind der Souverän! Wir lassen es nicht zu, dass uns eine globale Finanzdiktatur unserer Freiheit und Selbstbestimmung beraubt!

Anders die junge, noch unschuldige Linke. Sie bleibt ein unverzichtbarer parlamentarischer Arm, wenn auch nur mit schwacher Muskelkraft. Umso wichtiger wird der tragende Organismus, wird die außerparlamentarische Bewegung sein. Trotz ihrer unorganisierten Vielfalt, nein, gerade deswegen. Weil sie auch die Differenziertheit der Problemlage widerspiegelt, weil es die vielen unterschiedlichen Blickwinkel sind, die helfen, die einzelnen Fäden zu erkennen und das Knäuel zu entwirren. Da helfen eine oder auch zwei Perspektiven nicht aus, auch wenn wir gerne zweidimensional denken. So bequem können wir es uns nicht machen. Wir können es uns genauso wenig erlauben, dass jeder seinen Kampf für sich kämpft. Nur gemeinsam können wir stark sein! Es gibt doch bereits einen Konsens, es gibt doch ein gemeinsames politisches Ziel. Es gilt das zu bewahren, was im Dreiklang der französischen Revolution nicht pointierter subsumiert werden konnte:

Gleichheit, Freiheit, Brüderlichkeit!

Auch diese Revolution fand auf den Straßen und Plätzen statt, wie jeder erfolgreiche Umbruch von unten, vom Volke ausging. So ist es auch heute, so wird es auch morgen sein.

Vom Frühling aufgeweckt ist auch ein ergrauter Vordenker, ein Philosoph und Meister der Soziologie, er erlebt gerade seine Renaissance. Karl Marx heißt der Alte, einem politischen Menschen ist er immer wieder über den Weg gelaufen. Ob an Bildungsorten, auf Veranstaltungen oder in Hörsälen, selbst bei den Kneipenphilosophen war er ständiger Gast. Aber auch auf den Straßen war er zugegen, wenn die Plätze sich füllten und die politische Auseinandersetzung in den öffentlichen Raum getragen wurde.

Marx' geradezu sezierende Analyse der gesellschaftlichen Verhältnisse hat noch keinen Meister gefunden, schon gar nicht in den Kreuzrittern des Neoliberalismus. Die wiegen sich von Eitelkeit verblendet in Sicherheit, nicht ahnend, dass ihr Ende bereits gekommen ist. In der jüngeren Geschichte ist es niemandem besser gelungen als Marx, die Fäden im Knäuel zu identifizieren und dessen Entwirrung zu ermöglichen.

Spürt ihr das auch, wie alles in Bewegung kommt? Erkennt ihr auch den ollen Marx? Der ist noch lange nicht tot. Unser Karl blüht gerade wieder auf, es ist doch Frühling!

Vor der Wahl: aufstehen oder untergehen!?

Wir schreiben heute bereits den 20. März 2013. Ich betone das, weil wir uns nur noch in einem kurzen, aber alles entscheidenden Zeitfenster bewegen. Dessen müssen wir uns bewusst sein, liebe Leserinnen und Leser, unter denen ich viele MitstreiterInnen vermuten darf.

Ich bin nun mit meinem Blog Politik & Kultur seit sechs Wochen online. Ich setzte bewusst auf zwei Themenstränge: Den sozialkritischen, sich gegen die neoliberale Agenda-Politik wendenden. Und einen zweiten Schwerpunkt eher philosophischer Natur, weil es seit Tausenden von Jahren ein Kernanliegen dieser Königin der Wissenschaften ist, Fragen der Gerechtigkeit, der Ethik und der Moral, eben des menschlichen Miteinanders zu erörtern. In diesem Sinne werde ich immer wieder auf große Geister der Antike und der Neuzeit hinweisen, deren Weisheit und Erkenntnis unter die Räder einer uferlosen Gier nach dem Immer-Mehr geraten ist. Es erscheint mir mehr als geboten, diesen kulturellen Schätzen zu einer Wiedergeburt zu verhelfen.

Schon jetzt zeichnet sich ab, dass sich die Mühe lohnt. In zahlreichen Kommentaren, in Mails und persönlichen Ansprachen werde ich ermutigt, weiterzumachen. Vielfach wird mir von einer Aufbruchstimmung berichtet, die es nun weiter zu beflügeln und zu kanalisieren gilt. Ich setze dabei keinerlei Hoffnung mehr auf die politischen Parteien, ob CDU oder SPD, DIE GRÜNEN oder FDP, sie alle versprechen uns schon heute weitere Verelendung und weitere Prekarisierung der Lebensverhältnisse.

Bereits Ende 2012 sickerten die Sparpläne des Finanzministers Wolfgang Schäuble durch. Die größten Sauereien, sprich Angriffe auf die sozialen Sicherungssysteme, dürften wir allerdings erst nach den Wahlen erfahren. Sicher ist, dass Schäuble nochmals kräftig eine Schippe drauflegen wird, um die totale Machtübernahme der Finanzdiktatur einzuläuten.

Auch aus dem vermeintlich anderen politischen Lager ist nur Verderben zu erwarten. Diese Parteien schwimmen im neoliberalen Einheitsbrei und sind nicht mehr voneinander zu unterscheiden. Ausgerechnet Gerhard Schröder, die gewohnheitsmäßige Speerspitze der Totengräber, droht uns in diesen Tagen mit einer Agenda 2020 die Höchststrafe an. Dazu bieten sich in der Neo-Liberalen-Einheitspartei (NLEP) diverse Koalitionsmöglichkeiten. Für die Bürger wird es unerheblich sein, welchen Namen das Kind bekommt. Die katastrophalen Aussichten bleiben jedenfalls die gleichen.

Einzig die LINKE hat sich in den Jahren ihres Bestehens als konsequente Gegnerin des Hartz-Systems profiliert. Das müssen wir ehrlich anerkennen, ohne damit Parteipolitik betreiben zu wollen. Aber die LINKE wird auch nach der Bundestagswahl am 22. September nur ein schwacher parlamentarischer Arm sein, der doch eine Herkulesaufgabe zu stemmen hätte.

Umso wichtiger ist es, dass die vielfältigen außerparlamentarischen Bewegungen nun das Feuer unterm Kessel schüren. Der Druck aus dem Volk, der Druck der Straße muss nun wachsen. Wir stehen im doppelten Sinne des Wortes vor der Wahl: aufstehen oder untergehen!?

Es sind bereits viele, die unterwegs sind, die eine Gegenöffentlichkeit aufbauen, sich in Foren, Veranstaltungen usw. einbringen. Das muss noch mehr werden, wenn wir der NLEP noch in die Suppe spucken und den Staatsstreich noch versauen wollen.

Dazu müssen wir uns noch stärker vernetzen, uns noch mehr austauschen und gemeinsame Strategien verfolgen. Wir müssen uns auf das wesentliche Ziel konzentrieren, das uns einigt:

Wir holen uns unser Recht und unsere Würde zurück. Weg mit dem Hartz-System!

Wir müssen aber auch unsere Alternativen formulieren, wir können nicht nur Nein sagen, sondern müssen auch Lösungen in die Diskussion einbringen. Wir müssen der NLEP die Deutungshoheit nehmen und den öffentlichen Diskurs an uns ziehen. Jeder von uns sollte dazu eine Möglichkeit finden, sich einzubringen und zu beteiligen. Jeder macht das, was er am besten kann und zusammen wird es eine bunte und schlagkräftige Bewegung.

Redet über das Thema wo Ihr nur könnt, ob im öffentlichen Raum oder im privaten. Jeden Tag bieten sich dazu Möglichkeiten, Ihr müsst es nur tun. So ist auch jeder ein Multiplikator und gewinnt weitere Mitstreiter für die gemeinsame Sache.

Überlassen wir das politische Geschäft nicht willenlos den anderen. Schicken wir Mutti zurück an die Küste, den Gerhard nach Sibirien und den Wolfgang - den schieben wir am besten auf's Altenteil!

Brief an einen Bruder

Mein lieber Bruder,

ich muss heute sehr klar und deutlich werden. Ich gebe Dir etwas zu Kauen. Ich verschrifte das, was ich Dir sagen muss. Nur so habe ich doch Gelegenheit, einen ganzen Satz auch auszusprechen. Du verschlimmbesserst die Welt als Kneipenphilosoph, nach dem dritten Glas Wein erklärst Du jedem das Leben. Auch dem, der Dir gar nicht mehr zuhören will. So jubele ich Dir jetzt unter, was Du ganz offensichtlich doch noch nicht verstanden hast.

Du hast Deine Hausaufgaben immer noch nicht gemacht, Nachsitzen ist angezeigt. In Deinem ureigenen und dann auch in unser aller Interesse! UNSER Zug nimmt Fahrt auf, er hat bereits eine Geschwindigkeit erreicht, bei der jeder Ausstieg tödlich wäre. Du hast das Ticket nicht gelöst.
Es gibt keinen Weg zurück! WIR werden bis zum bitteren Ende kämpfen, WIR haben einen Auftrag. Den WIR verdammt noch mal erfüllen müssen.

Es gibt keinen Weg zurück! Zu viele Menschen haben Hoffnung geschöpft, sehr viele, es werden täglich mehr.

Es geht um jedes einzelne Kind, das schon am Fünften eines Monats hungern muss. Weil im Kühlschrank gähnende Leere herrscht.

Herrschen, das ist auch ein Teil des Themas.

Es geht um jeden Schwerbehinderten, am Rollstuhl gefesselt, der nach dem Willen eines offensichtlich geistig und emotional gestörten Fallmanagers in dunkler Nacht am Fließband arbeiten soll.

Für einen Hungerlohn.

Im Stehen.

Er kann doch nicht einmal laufen.

Dieses „arme Schwein" ist ganz real, war ganz real. Er ist mir letzte Woche vor die Füße gefallen. Im wahrsten Sinne des Wortes. Nach einer Totalsanktion hat er sich den Strick genommen. Ein schwerer Sack war er. Ist uns beim Abbinden doch glatt auf die Dielen geknallt. So ein Scheiß auch!

Ich kann das nicht ertragen, ich will das nicht ertragen. Ich brauche Dich nicht für diesen Kampf, mein Bruder. Nicht Deine ganzen negativen Energien. Die mich nur aufhalten, nur abhalten. Die nur Dir dienen, Dir und Deiner Eitelkeit. Die die Sache nicht voranbringen. Die sie nur ausbremsen.

Du hast Probleme, mein Lieber. Ich sehe das, ich bin auch Psychologe und ein erfahrener Menschenarbeiter. Geh, mach Dich auf den Weg, erledige endlich Deine Hausaufgaben!

Aber lasse mich jetzt bitte, lasse UNS in Ruhe.

Und mit klarem Kopf arbeiten.

WIR haben einen Auftrag zu erfüllen! Wenn Du mit DIR ein Stück vorangekommen bist, klopfe wieder an UN-SERE Türen. Gerne. Aber erst dann! Ab heute sind diese Türen für Dich verschlossen. Du musst leider draußen bleiben. Bis Du endlich Deine Hausaufgaben gemacht hast.

Dann bringe frischen Geist in den gemeinsamen Kampf. Gegen das Unrecht. Dann kannst Du UNS und der Gerechtigkeit dienen. Vorher nicht.

Mache Deine Hausaufgaben. WIR bitten Dich darum. Inständig!

Ich kann nicht schlafen

Ich kann nicht schlafen.
Halte mich in an dieser Hoffnung fest.
In der Stille traue ich Dir zu sagen.
Was mich sonst ja doch nur stottern lässt.
Du bist gerade noch zur rechten Zeit gekommen.
Für einen Ertrinkenden.
Dem Du die Hand ins Wasser reichst.
Traumhaftes Wesen.
Hast mich erweckt.
Liebe!
Ich weiß.
Ich weiß.
Willst nicht drüber reden.
Bleibst lieber im Verborgenen.
Bist die Tat.
So nüchtern.
Ein Freund nennt Dich.
Anima.
Liebe voll.
Ein Freund.
Selten nüchtern.
Dieser Freund.
Lache jetzt nicht.
Bitte nicht.
Nicht jetzt.
Nicht in dieser Zeit.
Die Trunkenheit macht ihn.
Den Genius.
Diese Triade.

Menschlichen Seins.

Mein Freund.

Hat sie sich genommen.

Die Liebe.

Ungefragt.

Weil sie uns zusteht.

Weil wir Menschen.

Sind.

Weil wir Menschen.

Sein wollen.

Deshalb.

Liebe ich.

Weil Du mich reich machst.

Weil Du so wunderbar bist.

Weil ich ohne Dich nicht kann.

Deshalb liebe ich.

Dich.

Ich brauche Dich.

Weil ich doch ein Mensch bin.

Und Du meine Anima.

Deshalb liebe ich.

Deshalb kann ich nicht.

Ohne Dich.

Meine Liebe.

Unsere Liebe.

Weil wir doch Menschen sind!

Gute Nacht!

Nur weil es schon so spät ist in finsterer Nacht, das Einschlafen schwerfällt und Ihr Euch unruhig hin und her wälzt, erzähle ich Euch noch eine kleine Geschichte aus längst vergangenen Zeiten:

Es war im Jahre 1948 nach Christus, da verkündeten die Vereinten Nationen eine Charta an die Menschen in der Welt, die hieß „Allgemeine Erklärung der Menschenrechte". Achtundzwanzig Jahre später, die Erklärung war schon lange flügge geworden und drohte sich in endlosen Weiten zu verlieren, wurde sie völlig unversehens durch 171 Staaten, auch durch die Bundesrepublik Deutschland, ratifiziert.

Eine „Charta" ist eine für das Staats- und Völkerrecht grundlegende Urkunde, sie wird meist auf pompösen Treffen der Kaiser und Könige feierlich unterzeichnet und besiegelt. Und „ratifizieren" heißt nichts anderes, als dass alle Staaten, alle Kaiser und Könige diese beurkundete Charta für alle verbindlich erklären und sich zukünftig daran halten wollen.

Das waren noch dolle Zeiten, da hatten die Menschen noch Humor und Sinn für verrückte Visionen. Und das, obwohl der damalige König von Deutschland alle Menschen mit Visionen zum Arzt schicken wollte!

Ich lese Euch ganz leise aus dieser Geschichte etwas vor. Da stehen zwar noch vielmehr schaurig-lustiger Dinge drin, aber weil Märchen ja immer so lang sind, soll hier nur ein kleiner Auszug folgen:

Artikel 23 „Allgemeine Erklärung der Menschenrechte"

1.   Jeder hat das Recht auf Arbeit, auf freie Berufswahl, auf gerechte und befriedigende Arbeitsbedingungen sowie auf Schutz vor Arbeitslosigkeit.

2.   Jeder, ohne Unterschied, hat das Recht auf gleichen Lohn für gleiche Arbeit.

3.   Jeder, der arbeitet, hat das Recht auf gerechte und befriedigende Entlohnung, die ihm und seiner Familie eine der menschlichen Würde entsprechende Existenz sichert, gegebenenfalls ergänzt durch andere soziale Schutzmaßnahmen.

4.   Jeder hat das Recht, zum Schutze seiner Interessen Gewerkschaften zu bilden und solchen beizutreten.

Ja, so war das in längst vergangenen Zeiten, es wurde viel versprochen und die Menschen hatten eine gemeinsame, universelle Vision. Jesus Christus ist schon länger tot und seine Perlen werden heute vor die Säue geworfen. In diesen dunklen Zeiten verdienen Frauen im Durchschnitt noch immer 30% weniger als Männer. Viele Mütter und Väter müssen sich den ganzen Tag als Knechte in Fronarbeit verdingen und wissen trotzdem nicht, wie sie ihre Kinder ernähren sollen. Statt gerechter und befriedigender Entlohnung schufen die Könige Ein-Euro-Jobs.

Das ist die Wirklichkeit: 1€ pro Stunde für Arbeiten, die früher ein auskömmliches Einkommen erbrachten! Unsere Gesellschaft ist kalt und rau geworden, ganz Wenige verfügen über ganz viel Geld und ganz Viele wissen nicht, wovon sie leben sollen. Jedes fünfte Kind wächst heute unterhalb der Armutsgrenze auf, ohne Aussicht auf gesunde Ernährung, auf eine gute Bildung oder auf eine tragfähige Zukunft. Dabei hätten doch auch diese Vielen Anspruch auf ein Stück von dem Kuchen, den die Wenigen nicht einmal aufessen können. Eine schöne neue Welt ist das geworden, in der die Menschenrechte mit Füßen getreten werden und Gier, Habgier, Missgunst und Neid zur Religion erhoben wurden.

Und nun die Moral von der Geschicht': Wir haben uns von unseren Idealen und von unseren Visionen abgewandt und huldigen einem falschen und trügerischem Gott: dem glitzernden Mammon. Und die Reue, das wisst Ihr meine Lieben, die kommt immer viel zu spät!

So, nun aber gute Nacht, schlaft alle schön, der Märchenonkel wünscht Euch süße Träume. Und wenn Ihr endlich wieder wach werdet, könnt Ihr ja – bevor Euch der Zeitgeist noch weiter zu verblöden sucht – in den anderen Artikeln der Geschichte herumstöbern!

Index

Tabellen und Grafiken

Literaturhinweise:

Adorno, Theodor W.: Probleme der Moralphilosophie, Berlin 1983.

Dworkin, Ronald: Gerechtigkeit für Igel, Berlin 2012.

Freire, Paulo: Pädagogik der Unterdrückten, Bildung als Praxis der Freiheit, Neuauflage, Reinbek 2002.

Fromm, Erich: Haben oder Sein, Die seelischen Grundlagen einer neuen Gesellschaft, München 2011.

Fromm, Erich: Studien über Autorität und Familie, Sozialpsychologischer Teil (1936), in: Fromm, Erich, Gesamtausgabe, Bd.1.: Analytische Sozialpsychologie, Stuttgart 1980.

Hannemann, Inge: Negative psychische Auswirkungen durch den Bezug von Hartz IV, München 2012.

Hasselmann, Uwe: Führung im Rahmen der neuen Steuerung, Köln 1997.

Hessel, Stéphane: Empört Euch, Berlin 2011.

Hobsbawm, Eric: Wie man die Welt verändert: Über Marx und den Marxismus, München/Wien 2012.

Krysmanski, Hans-Jürgen: 0,1 % – Das Imperium der Milliardäre, Frankfurt am Main, 2012.

Lotter, Wolf,: Der Lohn der Angst, in: Nie wieder Vollbeschäftigung, „brand eins", 7. Jhg., Heft 07, Hamburg 2005.

Milgram, Stanley: Das Milgram-Experiment, Zur Gehorsamsbereitschaft gegenüber Autorität, Reinbek 1997.

Misik, Robert: Marx für Eilige, Berlin 2010.

Negt, Oskar: Gesellschaftsentwurf Europa, Plädoyer für ein gerechtes Gemeinwesen, Göttingen, 2012.

Niggemann, Janek (Hrsg.): Emanzipatorisch, Sozialistisch, Kritisch, Links? – Zum Verhältnis von (politischer) Bildung und Befreiung, Berlin 2012.

Seel, Martin: Adornos Philosophie der Kontemplation, Berlin 2004.

Selke, Stefan: Schamland, Die Armut mitten unter uns, Berlin 2013.

Tiedemann, Rolf (Hrsg.): Zur Lehre von der Geschichte und von der Freiheit, Frankfurt am Main, 2001.

Tiedemann, Rolf (Hrsg.): Ob nach Auschwitz noch sich leben lasse, Ein philosophisches Lesebuch, Frankfurt am Main 1997.

Vereinte Nationen (UNO): Die Allgemeine Erklärung der Menschenrechte von 1948, in: Dokumentarische Berichte und Chronik für Unterricht und Studium, Villingen 1977.

Wellmer, Albrecht: Zur Dialektik von Moderne und Postmoderne, Vernunftkritik nach Adorno, Berlin 1985.

Odysseus Krum

Odysseus Krum ist 1951 in Bulgarien geboren. Nach seinem Architekturabschluss erhält er einen Mastersabschluss von der Kunstakademie in Sofia, Bulgarien, wo er Malerei und Grafik Design studiert.

Ende der 70er bis Mitte der 80er Jahre ist Odysseus Krum schon als Großes Kunsttalent in Bulgarien angesehen mit etlichen nationalen und internationalen Auszeichnungen anerkannt. Im kommunistisch geführten Land setzt er sich für die Menschenrechte ein und gilt als Querdenker, was, zusammen mit seiner Frau und jungen Tochter, zur Flucht aus Bulgarien nach Deutschland führt.

Nach einer anfangs schwierigen finanziellen Phase, fängt er eine langfristige Zusammenarbeit mit der Deutschen und Europäischen

Interiorindustrie an. Die Umsetzung seiner Kunstwerke in Design bringt ihm einen unerwartet, schnellen Erfolg und während der 90er Jahre gilt er als Top Designer in der Interiorbranche.

Während dessen definiert er seine eigene, neue Kunstrichtung, die er „Of Art" nennt (ein Bild wird als Textildesign in Meterware gedruckt, nachher auf Keilrahmen gespannt, übermalt und wieder in eine neue Kunstform geschöpft). Seine Kunst ist in zahlreichen Ausstellungen und Präsentationen in Deutschland, Belgien, Österreich, Frankreich, Italien, Schweiz und den Niederlanden.

Der 11. September 2001 ist der Tag, der seinen privaten und Karriereerfolg auf mehrere Weisen zusammenbricht. Er kann 6 Jahre lang nicht zeichnen und mahlen bis er sich von diesem Schock in 2007/2008 befreit.

Erneut, und mit großem Enthusiasmus tritt er in die Kunstszene ein. In ein paar Jahren mahlt er hunderte von Bildern und definiert die Richtung „Popimpress Biography". Diese ist eine Weiterentwicklung seiner symbolisch wirkenden, gegenwärtigen Kunst.

Seine Bilder sind in klassischer Technik gemalt und oft mit eigen entwickelten Effekten unterstützt. Im Vordergrund stehen sein Denken und sein soziales Engagement. Seine Bilder vermitteln oft wie Kollagen dargestellte, unpassende Szenen und in Kontrapunkt stehende Gefühle. Indirekt verbundene Details vordern provokatives Nachdenken auf.

Er entwirft freistehende Installationen und sucht oft unbequeme Wäge für deren Realisierung. Seine Identität entwickelt sich und nimmt unverwechselbar Platz in seinem neuen künstlerischen Leben.

Der Autor

Norbert Wiersbin hat in Münster Erziehungswissenschaften, Psychologie, Soziologie und Philosophie studiert und war Schüler von Prof. Dr. Dieter Sengling, dem Herausgeber der ersten Armutsberichte in Deutschland. Dieter Sengling war seinerzeit Bundesvorsitzender des Paritätischen Wohlfahrtsverbandes, zu seinem Team zählten die renommierten Forscher und Hochschullehrer Erwin Jordan, Johannes Münder (FU Berlin), Christian Schrapper u. a.

Norbert Wiersbin war beruflich zunächst in der Jugend- und Erwachsenenbildung mit den Schwerpunkten Politik und Soziales tätig, dann auch als Organisationsentwickler in der beruflichen Fortbildung. In den vergangenen dreizehn Jahren war er als Dozent, Fallmanager und Personalratsvorsitzender für einen Optionskreis mit der Wiedereingliederung von Langzeitarbeitslosen beschäftigt. Als teils freigestellter Personalratsvorsitzender hat er so an zahlreichen sozialpolitischen Diskussionen auf administ-

rativer (behördlicher) und politischer Ebene teilgenommen. Er verfügt über einen großen Fundus an Erfahrungen und Kenntnissen zu dem Thema „Hartz IV" und zu dessen Umsetzung im behördlichen Alltag. Als Autor und Publizist verarbeitet er dieses Wissen seit seinem Ausstieg aus dem kommunalen Dienst in Kolumnen und sozialpolitischen Essays.

Neben seiner Tätigkeit als Autor und Publizist betreibt er den Blog und den Audio-Podcast „Politik & Kultur" mit den Schwerpunkten Arbeits- und Sozialpolitik sowie geisteswissenschaftlich-philosophischen Themenstellungen.

www.norbertwiersbin.de

Mithelfen lohnt sich!

Noch immer ist das Sachbuch eines der zentralen Aufklärungs-mittel. Wir bitten Sie um Mithilfe: Empfehlen Sie dieses Buch Ihren Freunden, Bekannten und Verwandten und weisen Sie darauf hin, dass es am Ende das Konsumentenverhalten ist, das maßgeblich zu einer Veränderung beitragen kann.
Es kommt also auch darauf an, wo man etwas kauft. Wir möch-ten Ihnen für den Onlinekauf zwei Seiten empfehlen.

Bei der ersten handelt es sich um eine neueröffnete Buchhand-lung, geführt von Hartz IV-Empfängern, die auf diese Weise be-müht sind, sich aus diesem grausamen und menschenunwürdigen System zu befreien, bei der zweiten um eine vom Verlag initiierte Seite, von deren Umsätzen aus den Gewinnen heraus Akuthilfe für von Hartz IV-Sanktionen Betroffenen geleistet wird.

http://sabine55.beepworld.de/
http://www.ponomanawa.de/onlineshop-buecher--mehr/buecher/index.php

Oder bestellen Sie direkt beim Verlag und helfen Sie so dabei, weitere Bücher von diesem Format herauszubringen:
http://www.rabaka-publishing.de

Meiden Sie Großbuchhandlungen (online und Sortimenter), von denen bekannt ist, dass sie ihre Mitarbeiter mit Niedrigstlöhnen ausbeuten. Niedrigstlöhne sind das Resultat von Hartz IV und einer Austeritätspolitik, die langfristig die Märkte und den Pla-neten zerstört.

Vielen Dank - Gitta Peyn,
Inhaberin von RaBaKa-Publishing